DISCLAIMER

The author and publisher are providing this book and its contents on an "as is" basis and make no representations or warranties of any kind with respect to this book or its contents. The author and publisher disclaim all such representations and warranties, including but not limited to warranties of merchantability. In addition, the author and publisher do not represent or warrant that the information accessible via this book is accurate, complete, or current.

Except as specifically stated in this book, neither the author nor publisher, nor any authors, contributors, or other representatives will be liable for damages arising out of or in connection with the use of this book. This is a comprehensive limitation of liability that applies to all damages of any kind, including (without limitation) compensatory; direct, indirect, or consequential damages; loss of data, income, or profit; loss of or damage to property; and claims of third parties.

This Book Comes With Free Bonus Puzzles

Available Here:

BestActivityBooks.com/WSBONUS20

5 TIPS TO START!

1) HOW TO SOLVE

The Puzzles are in a Classic Format:

- Words are hidden without breaks (no spaces, dashes, ...)
- Orientation: Forward & Backward, Up & Down or
  in Diagonal (can be in both directions)
- Words can overlap or cross each other

2) ACTIVE LEARNING

To encourage learning actively, a space is provided next to each word to write down the translation. The **DICTIONARY** allows you to verify and expand your knowledge. You can look up and write down each translation, find the words in the Puzzle then add them to your vocabulary!

3) TAG YOUR WORDS

Have you tried using a tag system? For example, you could mark the words which have been difficult to find with a cross, the ones you loved with a star, new words with a triangle, rare words with a diamond and so on...

4) ORGANIZE YOUR LEARNING

We also offer a convenient **NOTEBOOK** at the end of this edition. Whether on vacation, travelling or at home, you can easily organize your new knowledge without needing a second notebook!

5) FINISHED?

Go to the bonus section: **MONSTER CHALLENGE** to find a free game offered at the end of this edition!

Want more fun and learning activities? It's **Fast and Simple!**
An entire Game Book Collection just **one click away!**

Find your next challenge at:

BestActivityBooks.com/MyNextWordSearch

Ready, Set... Go!

Did you know there are around 7,000 different languages in the world? Words are precious.

We love languages and have been working hard to make the highest quality books for you. Our ingredients?

A selection of indispensable learning themes, three big slices of fun, then we add a spoonful of difficult words and a pinch of rare ones. We serve them up with care and a maximum of delight so you can solve the best word games and have fun learning!

Your feedback is essential. You can be an active participant in the success of this book by leaving us a review. Tell us what you liked most in this edition!

Here is a short link which will take you to your order page.

BestBooksActivity.com/Review50

Thanks for your help and enjoy the Game!

Linguas Classics Team

1 - Food #1

Մ	Փ	Գ	Ղ	Կ	Թ	Ձ	Փ	Զ	Ջ	Ց	Շ	Դ	Ց
Ա	K	Ս	Ծ	Ը	Ձ	Ա	Պ	Ո	Ւ	Ր	Ա	Ա	Ճ
Զ	Վ	Թ	Տ	Ա	Թ	P	Տ	Լ	Ը	Դ	Ղ	Ր	P
Ա	Շ	Ա	Ք	Ա	Ր	Ժ	Չ	H	Ա	Պ	Գ	Չ	Տ
Ղ	Ռ	Ձ	Յ	Վ	Բ	Ս	Խ	Տ	Ո	Ր	Ա	Ի	Ս
Ց	Գ	Ե	Տ	Ն	Ա	Ն	Ո	Ւ	Շ	Չ	Մ	Ն	H
Ա	Ս	Պ	Հ	Գ	Ա	Ր	Ի	Խ	Լ	Ս	Ս	Ճ	Ե
Ն	Պ	Ե	Լ	Ա	Կ	Ա	Թ	Ո	Ւ	Ն	Ա	P	Մ
Գ	Ա	Ջ	Ա	Ր	Ն	Ի	Խ	Ա	Ղ	Ծ	A	Ն	Խ
Զ	Ն	Մ	Ի	Է	A	Հ	Տ	Ա	Հ	Զ	Օ	Ծ	Վ
Ց	Ա	Ծ	Ի	Ր	Ա	Ն	Ա	Ր	Յ	H	Ց	Ծ	Շ
Հ	Խ	Ւ	K	Չ	Ձ	Զ	Ն	Ք	Ո	Դ	Ո	H	Հ
Չ	Ց	Հ	Ը	Ո	Ւ	H	Ձ	Ճ	Ւ	Ն	Ե	Փ	Ղ
Է	Ո	Հ	Ե	Դ	Խ	Ն	Ռ	Ց	Թ	Խ	K	Ր	Ն

ԾԻՐԱՆ
ԳԱՐԻ
ՌԵՀԱՆ
ԳԱՋԱՐ
ԴԱՐՉԻՆ
ՍԽՏՈՐ
ՀՅՈՒԹ
ԿԻՏՐՈՆ
ԿԱԹ
ՍՈԽ
ԳԵՏՆԱՆՈՒՇ
ՏԱՆՁ
ԱՂՑԱՆ
ԱՂ
ԱՊՈՒՐ
ՍՊԱՆԱԽ
ԵԼԱԿ
ՇԱՔԱՐ
ԹՈՒՆԱ
ՇԱՂԳԱՄ

2 - Castles

Չ	Դ	Ի	Ք	Ք	Ս	Դ	Կ	Ծ	Ր	Է	Ը	Ղ	O
Վ	Ի	Շ	Ա	Պ	Է	Է	Ա	Շ	Տ	Ա	Ր	Ա	Կ
Վ	Ն	Խ	Ր	Ս	Ս	Լ	Յ	Ա	Ֆ	Շ	Զ	Ո	Ա
Ա	Ա	Ա	Ա	Ա	Ը	Ֆ	Ս	Յ	Ս	Ա	Ս	Պ	Ր
Հ	Ս	Ն	Ձ	Կ	Բ	Ե	Ր	Դ	Ժ	Պ	H	Ա	Ք
Ա	Տ	Խ	Ի	Ի	Պ	Ո	Ո	Ք	Խ	Շ	Ե	Տ	Ա
Ն	Ի	Հ	Գ	Յ	Լ	Ւ	Ւ	Ս	A	Խ	Ք	Տ	Յ
Շ	Ա	Ո	Ծ	Ն	Խ	Դ	Թ	Պ	Ա	Լ	Ա	Տ	Ա
Շ	Ա	Զ	Ն	Ի	Վ	Ա	Յ	P	P	Շ	Ւ	A	Դ
Կ	Ձ	Ճ	P	Հ	Ս	Լ	Ո	Ո	Գ	Ա	Ժ	Պ	Ո
Ծ	Ք	Պ	Կ	Վ	Ն	Ք	Ւ	Ա	Տ	Ձ	Ծ	Զ	Ւ
Ս	Ո	Ւ	Ր	Ծ	Գ	Ռ	Ն	H	Ս	Ռ	E	Ր	Ս
Մ	Ի	Ա	Ե	Ղ	Ջ	Յ	Ո	Ւ	Ր	Տ	O	Ա	Տ
Ռ	Ս	Ը	Ի	Գ	Ք	Տ	O	Ե	Հ	K	Շ	Հ	Ր

ԶՐԱՀ
ՔԱՐԱՁԻԳ
ՊՍԱԿ
ՎԻՇԱՊ
ԴԻՆԱՍՏԻԱ
ԿԱՅՍՐՈՒԹՅՈՒՆ
ՖԵՈՒԴԱԼ
ԲԵՐԴ
ՁԻ
ԱՍՊԵՏ
ԱԶՆԻՎ
ՊԱԼԱՏ
ԻՇԽԱՆ
ԱՐՔԱՅԱԴՈՒՍՏՐ
ՎԱՀԱՆ
ՍՈՒՐ
ԱՇՏԱՐԱԿ
ՄԻԱԵՂՋՅՈՒՐ
ՊԱՏ

3 - Exploration

H	Տ	Կ	Ջ	Թ	Օ	Վ	Տ	Ա	Ն	Գ	Ն	Ե	Ր
Ք	Ա	Ջ	Ո	Ւ	Թ	Յ	Ո	Ւ	Ն	Վ	Ք	Ւ	Բ
Վ	Ց	Ռ	H	Ժ	Լ	Ե	Զ	Ո	Ւ	Վ	Ւ	Ի	Բ
Ճ	Ա	Ն	Ա	Պ	Ա	Ր	Հ	Ո	Ր	Դ	Ե	Լ	Ք
Մ	Շ	Ա	Կ	Ո	Ւ	Յ	Թ	Խ	Վ	K	Պ	Ո	Ի
Ի	Վ	Ե	Ս	Հ	Ո	Ւ	Զ	Մ	Ո	Ւ	Ն	Ք	Ջ
Ս	A	Տ	Պ	Կ	Ե	Ն	Դ	Ա	Ն	Ի	Ն	Ե	Ր
Ո	Ւ	Ր	Ա	Գ	Խ	Ռ	Ռ	Ծ	Ո	Վ	Ֆ	Ց	P
Վ	Գ	Գ	Ռ	Ն	Կ	Ս	Ա	Ց	Ր	Փ	Ւ	Պ	Ք
Ո	E	Լ	Ո	Ջ	Գ	Ը	Ե	Վ	Ճ	Ց	Ը	Օ	Է
Ր	Ժ	Ը	Ւ	Ւ	Ժ	Ա	Թ	Չ	Ո	Յ	Ք	Ա	Շ
Ե	Զ	Գ	Մ	Հ	Ց	Ֆ	Վ	Ա	Յ	Ր	Ի	Ք	Ձ
Լ	Բ	Ա	Ց	Ո	Ւ	Մ	E	Ո	Ղ	Է	Ե	Ա	A
Ղ	Ժ	Ա	Ն	Հ	Ա	Յ	Տ	Ս	Ր	Կ	Լ	Օ	Փ

ԿԵՆԴԱՆԻՆԵՐ
ՔԱՋՈՒԹՅՈՒՆ
ՄՇԱԿՈՒՅԹ
ԲԱՑՈՒՄ
ՀԵՌԱՎՈՐ
ՀՈՒԶՄՈՒՆՔ
ՍՊԱՌՈՒՄ
ՎՏԱՆԳՆԵՐ
ԼԵԶՈՒ
ՆՈՐ
ՎՏԱՆԳԱՎՈՐ
ՍՈՎՈՐԵԼ
ՃԱՆԱՊԱՐՀՈՐԴԵԼ
ԱՆՀԱՅՏ
ՎԱՅՐԻ

4 - Measurements

Բ	Թ	Խ	Կ	Ն	Ճ	Թ	Ք	K	Դ	Մ	Ժ	Ա	Հ
Ֆ	Ա	Ո	Ո	Ի	Յ	Ի	Ա	Ա	Յ	Ց	Ե	Ս	Ի
Յ	Տ	Ր	Ր	K	Լ	Ջ	Շ	Կ	Ո	Ը	Չ	Տ	Ռ
Ը	Ք	Ո	Ձ	Կ	Թ	Ո	Ը	P	Ւ	Լ	Լ	Ի	Ր
Ո	Կ	Ւ	Ո	Ր	Տ	Ը	Գ	A	Յ	Ի	K	Ճ	Ս
Ն	Ի	Թ	A	Չ	Ո	Ֆ	Ը	Ր	Մ	Տ	Լ	Ա	Ա
Չ	Լ	Յ	Վ	Հ	Ն	Ւ	Ե	K	Ա	Ր	Բ	Ն	Ն
Ը	Ո	Ո	O	Ն	Ն	Ք	Թ	O	H	Մ	Ա	Թ	Տ
Ր	Մ	Ւ	O	Դ	Ա	Չ	Տ	Յ	Ծ	Լ	Յ	Չ	Ի
Ց	Ե	Ն	Ծ	Ա	Վ	Ա	Լ	Ը	Ո	Տ	Տ	Թ	Մ
Գ	Տ	Թ	Ձ	Ր	Ո	Պ	Ե	Մ	Ջ	Ւ	Ա	Կ	Ե
Ե	Ր	Կ	Ա	Ր	Ո	Ւ	Թ	Յ	Ո	Ւ	Ն	Ժ	Տ
Գ	Ր	Ա	Մ	Ի	Հ	Ո	Ւ	Ն	Ց	Ի	Ա	Ը	Ր
Տ	Ա	Ս	Ն	Ո	Ր	Դ	Ա	Կ	Ա	Ն	Յ	Ռ	Շ

ԲԱՑՏ
ՍԱՆՏԻՄԵՏՐ
ՏԱՍՆՈՐԴԱԿԱՆ
ԱՍՏԻՃԱՆ
ԽՈՐՈՒԹՅՈՒՆ
ԳՐԱՄ
ԲԱՐՁՐՈՒԹՅՈՒՆԸ
ԴՅՈՒՅՄ
ԿԻԼՈԳՐԱՄ
ԿԻԼՈՄԵՏՐ
ԵՐԿԱՐՈՒԹՅՈՒՆ
ԼԻՏՐ
ՄԵՏՐ
ՐՈՊԵ
ՈՒՆՑԻԱ
ՏՈՆՆԱ
ԾԱՎԱԼԸ
ՔԱՇԸ

5 - Farm #2

Ջ	Հ	A	Յ	Ո	Գ	Գ	Մ	Թ	Ց	Խ	Մ	H	Յ
Ռ	Ո	Չ	Խ	Ա	Ր	Ա	Ա	Դ	Ն	Ն	Ձ	Ր	Ը
Ք	Վ	Ւ	Պ	Մ	Խ	Ջ	Ռ	Մ	Ս	Ռ	Ը	Մ	Շ
Է	Ի	Չ	Գ	Ց	Մ	Վ	Ի	Գ	Լ	Ա	Մ	Ա	Պ
Օ	Վ	Ո	Ռ	Ո	Գ	Ո	Ւ	Մ	Կ	Հ	Ե	Ս	Տ
Ժ	K	Ֆ	Յ	Ր	Խ	Ք	Լ	E	E	Ա	Շ	Ն	Ղ
Ճ	Ձ	Բ	A	Ե	Կ	K	Ռ	Պ	Մ	Պ	Թ	Ո	Ա
Տ	Ց	Ո	Ճ	Ն	Ց	Ի	Ա	Ը	Ր	Ի	Թ	Ւ	Տ
Ս	Գ	Ւ	Կ	Ջ	Ւ	Բ	Ա	Դ	Գ	Չ	Բ	Ն	Ո
Հ	Ա	Ս	Ջ	Ա	Ռ	Ն	Գ	Թ	Ե	Օ	Ռ	Դ	Ւ
Տ	Ր	Ա	Կ	Տ	Ո	Ր	Ֆ	Ե	Ր	Մ	Ե	Ր	Ա
Ը	Ի	Կ	Կ	Ե	Ն	Դ	Ա	Ն	Ի	Ն	Ե	Ր	Յ
Ծ	Մ	Ա	Ր	Գ	Ա	Գ	Ե	Տ	Ի	Ն	Ճ	Մ	Գ
Բ	Ֆ	Ն	Հ	Ո	Ղ	Մ	Ա	Ղ	Ա	Ց	Պ	Լ	Ի

ԿԵՆԴԱՆԻՆԵՐ
ԳԱՐԻ
ԳԱՄ
ԲԱԴ
ՖԵՐՄԵՐ
ՄՆՈՒՆԴ
ՄՐԳԵՐ
ՈՌՈԳՈՒՄ
ԳԱՌ
ԼԱՄԱ
ՄԱՐԳԱԳԵՏԻՆ
ԿԱԹ
ՊՏՂԱՏՈՒ ԱՅԳԻ
ՈՉԽԱՐ
ՀՈՎԻՎ
ՏՐԱԿՏՈՐ
ԲՈՒՍԱԿԱՆ
ՑՈՐԵՆ
ՀՈՂՄԱՂԱՑ

6 - Books

Գ	Ո	Ղ	Բ	Ե	Ր	Գ	Ա	Կ	Ա	Ն	Բ	Մ	Հ
Վ	Ր	Ճ	Ձ	Օ	Գ	Խ	Բ	A	Դ	A	Ն	Ձ	Ա
Ֆ	Ց	Ա	E	K	Ը	Ն	Թ	Ե	Ր	Ց	Ո	Ղ	Վ
Է	Ջ	Ր	Կ	Ն	L	Շ	Ե	Ի	Հ	Ք	Ւ	Ժ	Ա
Տ	Ի	Պ	Տ	Ա	Շ	Ջ	P	Հ	Ա	H	Յ	Պ	Ք
L	Ի	Տ	Ա	Ւ	Ն	Շ	Յ	Ո	Մ	Ւ	Թ	Ա	Ա
E	Ձ	Ն	Ր	Տ	Ճ	Շ	Փ	Ւ	Ա	Ֆ	Չ	Տ	Ծ
Բ	Ա	Ռ	Ե	Ր	Մ	Վ	Ը	Մ	Տ	Շ	Ղ	Մ	Ո
Ս	Վ	Ի	Խ	H	E	Ո	Պ	Ո	Ե	Զ	Ի	Ա	Ւ
P	Ե	Ա	Ր	Կ	Ա	Ծ	Ղ	Ր	Ք	Ք	Է	Կ	Ո
Ղ	Պ	Ր	Գ	Ր	Վ	Ա	Ծ	Ա	Ս	Չ	Ա	Ա	K
P	Ք	Հ	Ի	Ւ	Մ	L	Զ	Յ	Տ	Ռ	P	Ն	Ն
Ւ	Ւ	Հ	Ն	Ա	Ր	Ա	Մ	Ի	Տ	Ւ	Ռ	Ս	H
Հ	Ե	Ղ	Ի	Ն	Ա	Կ	Ց	Ն	Զ	Ե	Ֆ	Դ	Ձ

ԱՐԿԱԾ
ՀԵՂԻՆԱԿ
ԲՆՈՒՅԹ
ՀԱՎԱՔԱԾՈՒ
ՀԱՄԱՏԵՔՍՏ
ՊԱՏՄԱԿԱՆ
ՀՈՒՄՈՐԱՅԻՆ
ՀՆԱՐԱՄԻՏ
ԳՐԱԿԱՆ
ՊԱՏՄՈՂ
ՎԵՊ
ԷՋ
ՊՈԵԶԻԱ
ԸՆԹԵՐՑՈՂ
ՍԵՐԻԱ
ՈՂԲԵՐԳԱԿԱՆ
ԲԱՌԵՐ
ԳՐՎԱԾ

7 - Meditation

Պ	Ա	Ր	Չ	Ո	Ւ	Թ	Յ	Ո	Ւ	Ն	Շ	P	Մ
Ը	P	Թ	Ջ	Դ	Ի	Տ	Ա	Ր	Կ	Ո	Ւ	Մ	Տ
Շ	Ն	Չ	Ա	Ռ	Ո	Ւ	Թ	Յ	Ո	Ւ	Ն	Դ	Ա
Բ	Ն	Դ	Մ	Տ	Ք	Ե	Ր	Ը	Մ	Ի	Տ	Ք	Վ
Ն	Լ	Ռ	Ո	Ւ	Թ	Յ	Ո	Ւ	Ն	Կ	P	Ո	Ո
Ո	Ռ	Ց	Գ	Ւ	Ց	Ն	Դ	Ա	Ծ	Դ	Ի	A	Ր
Ւ	Ե	Ր	Ջ	Ա	Ն	Կ	Ո	Ւ	Թ	Յ	Ո	Ւ	Ն
Թ	Խ	Ա	Ղ	Ա	Ղ	Ո	Ւ	Թ	Յ	Ո	Ւ	Ն	Ք
Յ	Պ	Շ	Ա	Ր	Ժ	Ո	Ւ	Մ	Ջ	Թ	Դ	Ե	Ի
Ո	Ս	Ո	Վ	Ո	Ր	Ե	Լ	Մ	Ղ	Յ	Ն	Ք	Ք
Ւ	Ե	Ր	Ա	Ժ	Շ	Տ	Ո	Ւ	Թ	Յ	Ո	Ւ	Ն
Ն	Ո	Ւ	Շ	Ա	Դ	Ր	Ո	Ւ	Թ	Յ	Ո	Ւ	Ն
Ժ	E	Ֆ	Ց	Գ	Հ	Ե	Ռ	Ա	Ն	Կ	Ա	Ր	Ս
Հ	Ա	Ն	Գ	Ի	Ս	Տ	Պ	Ղ	Ր	Կ	Ժ	Ճ	Ժ

ԸՆԴՈՒՆՈՒՄ
ՈՒՇԱԴՐՈՒԹՅՈՒՆ
ՑՆԴԱԾ
ՇՆՉԱՌՈՒԹՅՈՒՆ
ՀԱՆԳԻՍՏ
ՊԱՐԶՈՒԹՅՈՒՆ
ԵՐՋԱՆԿՈՒԹՅՈՒՆ
ՄՏԱՎՈՐ
ՄԻՏՔ
ՇԱՐԺՈՒՄ
ԵՐԱԺՇՏՈՒԹՅՈՒՆ
ԲՆՈՒԹՅՈՒՆ
ԴԻՏԱՐԿՈՒՄ
ԽԱՂԱՂՈՒԹՅՈՒՆ
ՀԵՌԱՆԿԱՐ
ԼՌՈՒԹՅՈՒՆ
ՄՏՔԵՐԸ
ՍՈՎՈՐԵԼ

8 - Days and Months

Ջ	Յ	Դ	Ա	Մ	Ի	Ս	Ե	P	Տ	Ք	Ե	Փ	Ֆ
K	Օ	Ր	Ա	Ց	Ո	Ւ	Յ	Ց	Հ	Չ	Ր	Ե	Ր
Մ	Ա	Յ	Ի	Ս	K	Կ	E	Ս	Թ	Ո	Կ	Տ	Ն
Հ	Ա	Չ	Ն	Ո	Յ	Ե	Մ	Բ	Ե	Ր	Ո	Ր	Օ
Ո	Ո	Ր	Օ	Գ	Ո	Ս	Տ	Ո	Ս	Ե	Ւ	Վ	Կ
Ւ	Ն	Ւ	Տ	Կ	Օ	Ս	Ծ	Յ	Ղ	Ք	Շ	Ա	Պ
Ն	Հ	Չ	Լ	Ռ	Ի	Ֆ	Չ	Խ	Ժ	Շ	Ա	Ր	Ճ
Վ	Օ	Ի	Ց	Ի	Ե	Ր	Ե	Ք	Շ	Ա	Բ	Թ	Ի
Ա	Ն	K	Վ	Ֆ	Ս	Տ	Ա	Ր	Ի	Բ	Թ	Ո	Կ
Ր	Ը	Ա	Ց	Թ	K	Չ	Կ	Կ	Ճ	Թ	Ի	Ւ	Հ
Հ	Ո	Կ	Տ	Ե	Մ	Բ	Ե	Ր	Ի	Ի	Օ	Ր	Շ
Է	K	Ս	Ե	Պ	Տ	Ե	Մ	Բ	Ե	Ր	Ջ	Բ	Խ
P	Ձ	E	Վ	Ն	Յ	Ք	Խ	Տ	Շ	Ա	Բ	Ա	Թ
Ա	Պ	Ր	Ի	Լ	Հ	Ի	Ն	Գ	Շ	Ա	Բ	Թ	Ի

ԱՊՐԻԼ
ՕԳՈՍՏՈՍ
ՕՐԱՑՈՒՅՑ
ՓԵՏՐՎԱՐ
ՈՒՐԲԱԹ
ՀՈՒՆՎԱՐ
ՀՈՒԼԻՍ
ՄԱՐՏ
ՄԱՅԻՍ
ԵՐԿՈՒՇԱԲԹԻ
ԱՄԻՍ
ՆՈՅԵՄԲԵՐ
ՀՈԿՏԵՄԲԵՐ
ՇԱԲԱԹ
ՍԵՊՏԵՄԲԵՐ
ԿԻՐԱԿԻ
ՀԻՆԳՇԱԲԹԻ
ԵՐԵՔՇԱԲԹԻ
ՉՈՐԵՔՇԱԲԹԻ
ՏԱՐԻ

9 - Chess

H	Ն	Տ	Վ	Ի	Ո	Խ	Յ	Ս	Ւ	Թ	Ը	Մ	Գ
Մ	Ի	Ա	Վ	Ո	Ր	Ե	Ը	Պ	Կ	Ա	Դ	Ր	Ղ
Ժ	Կ	Դ	E	Խ	Պ	L	Պ	Ի	Ձ	Գ	A	Ց	Շ
Ւ	Ա	Ա	Ա	Տ	Ր	Ա	Ա	Տ	Դ	Ա	H	Ո	Պ
Ր	Ւ	Մ	Ն	Ձ	Չ	Ց	Ս	Ա	K	Վ	K	Ւ	Խ
P	Է	Ո	Ա	Ո	E	Ի	Ի	Կ	Դ	Ո	Հ	Յ	Ա
Ս	Ե	Ւ	Թ	Ն	Ն	Ց	Վ	Թ	Ղ	Ր	Ֆ	Թ	Ղ
Ո	Ո	Ձ	Ա	K	Ա	Ն	Ճ	H	A	Ը	Է	Մ	Ս
Ղ	Ձ	Վ	Գ	Ը	Ծ	Կ	Ե	O	K	E	Ա	Չ	Ւ
Ո	Է	Ո	Ո	Տ	Ա	H	Մ	Ր	Ց	Ա	Շ	Ա	Ր
Ւ	Ս	Ց	Ւ	Ր	Ը	Է	Խ	Ա	Ղ	Ա	Ց	Ո	Ղ
Ն	H	Ղ	Հ	O	Ե	Ձ	Չ	Ե	Մ	Պ	Ի	Ո	Ն
Շ	Ր	Չ	Ի	Ղ	H	L	Թ	P	E	Ղ	Կ	Ձ	Տ
Հ	Ա	Կ	Ա	Ռ	Ա	Կ	Ո	Ր	Դ	Ն	Ս	Ժ	Ւ

ՍԵՒ
ՉԵՄՊԻՈՆ
ԽԵԼԱՑԻ
ՄՐՑՈՒՅԹ
ԽԱՂ
ԹԱԳԱՎՈՐԸ
ՀԱԿԱՌԱԿՈՐԴ
ՊԱՍԻՎ
ԽԱՂԱՑՈՂ
ՄԻԱՎՈՐ
ԹԱԳՈՒՀԻ
ԿԱՆՈՆՆԵՐ
ՍՈՂՈՒՆ
ԺԱՄԱՆԱԿ
ՍՈՎՈՐԵԼ
ՄՐՑԱՇԱՐ
ՍՊԻՏԱԿ

10 - Food #2

Լ	Գ	Ծ	Շ	Ս	Ր	Ե	H	Ձ	Մ	Լ	Գ	Շ	H
Ո	Տ	Պ	Ո	Ո	Տ	Ա	Ճ	Ե	Գ	A	Բ	Խ	Պ
Լ	E	P	Կ	Ւ	A	H	Թ	Ի	Ջ	Ս	Ա	Ա	Ֆ
Ի	Խ	Ճ	Ո	Ն	P	Զ	Ո	Ե	Ց	Ք	Ր	Ղ	Լ
Կ	Շ	Ռ	Լ	Կ	Ի	Վ	Ի	Շ	Կ	Ր	Տ	Ո	Ր
Ջ	Կ	Լ	Ա	Բ	Ր	Ո	Կ	Կ	Ո	Լ	Ի	Ղ	Յ
Ց	Ճ	Շ	Դ	Ր	Ճ	Բ	Ց	Ձ	Ռ	Ր	Ճ	A	Ո
Բ	Ր	Թ	Ւ	P	Չ	Ք	Ձ	Ո	A	Ջ	Ո	Լ	Գ
Ր	Ա	Ճ	E	Ն	Ե	Խ	Ո	Ւ	Ր	Ց	Ւ	Ս	Ո
Ի	Վ	Ն	Ս	Մ	Բ	Ո	Ւ	Կ	Դ	Ե	Կ	P	Ւ
Ն	K	Մ	Ա	Հ	Ա	Վ	Կ	Ց	Ե	H	Ն	A	Ր
Ձ	Ւ	Ք	Ք	Ն	Խ	Ո	Զ	Ա	Պ	Ո	Ւ	Խ	Տ
Խ	Ն	Ձ	Ո	Ր	Պ	Ա	Ն	Ի	Ր	Բ	Յ	Ե	Բ
Փ	H	Շ	Բ	Ն	Ծ	Խ	Լ	Վ	Ւ	Չ	Հ	Շ	Ը

ԽՆՁՈՐ
ԱՐՏԻՃՈՒԿ
ԲԱՆԱՆ
ԲՐՈԿԿՈԼԻ
ՆԵԽՈՒՐ
ՊԱՆԻՐ
ԲԱԼ
ՀԱՎ
ՇՈԿՈԼԱԴ
ՁՈՒ
ՍՄԲՈՒԿ
ՁՈՒԿ
ԽԱՂՈՂ
ԽՈԶԱՊՈՒԽՏ
ԿԻՎԻ
ՍՈՒՆԿ
ԲՐԻՆՁ
ԼՈԼԻԿ
ՑՈՐԵՆ
ՅՈԳՈՒՐՏ

11 - Family

Թ	Ժ	Մ	Ջ	Ա	Ե	Մ	Ա	Յ	Ր	Ա	Կ	Ա	Ն
Հ	Չ	Հ	Չ	Մ	Ր	Ֆ	Թ	Ճ	Թ	Ո	Ռ	Ւ	Ե
Ա	Ո	Ո	Ճ	Ո	Ե	H	Ղ	Ծ	Ք	Ո	Ւ	Յ	Ր
Յ	Ա	Ր	Ն	Ւ	Խ	Մ	Ա	Յ	Ր	Ֆ	Ռ	Ճ	Ե
Ր	Հ	Ե	Ա	Ս	Ա	Ա	Ֆ	Ե	Վ	Ն	Ա	Ը	Խ
Ա	Ե	Ղ	Խ	Ի	Ն	Ն	Պ	Ա	Պ	Ի	Կ	Ռ	Ա
Կ	Տ	Բ	Ա	Ն	Ե	Կ	Հ	Տ	Ծ	Պ	Ի	Ձ	Լ
Ա	Ա	Ա	Հ	Չ	Ր	Ո	Զ	Ի	Ը	Ս	Ն	Ի	Ե
Ն	Զ	Յ	Ա	Ք	Ռ	Ւ	Վ	Ա	K	Φ	Ը	Կ	Ղ
Ա	Գ	Ր	Յ	Ձ	Օ	Թ	Ր	Բ	Ր	Ժ	Ը	Ղ	Բ
Զ	Ո	Ծ	Ր	Կ	A	Յ	Ճ	Օ	Ո	Մ	Ո	Չ	Ա
Չ	Ւ	Ւ	Ե	Ղ	Բ	Ո	Ր	Ո	Ր	Դ	Ի	Ն	Յ
Ծ	Ր	Յ	Ն	Դ	Ո	Ւ	Ս	Տ	Ր	Ղ	Կ	Կ	Ր
Հ	Ս	Ր	Ը	Տ	Բ	Ն	Ծ	Լ	Ե	Ճ	Ը	Խ	Ռ

ՆԱԽԱՀԱՅՐ
ԱՈՒՆՏ
ԵՂԲԱՅՐ
ԵՐԵԽԱ
ՄԱՆԿՈՒԹՅՈՒՆ
ԵՐԵԽԱՆԵՐ
ԶԱՐՄԻԿ
ԴՈՒՍՏՐ
ԹՈՌԸ
ՊԱՊԻԿ
ԹՈՌ
ԱՄՈՒՍԻՆ
ՄԱՅՐԱԿԱՆ
ՄԱՅՐ
ԵՂԲՈՐՈՐԴԻՆ
ՀԵՏԱԶԳՈՒՐՍ
ՀԱՅՐԱԿԱՆ
ՔՈՒՅՐ
ՀՈՐԵՂԲԱՅՐ
ԿԻՆԸ

12 - Farm #1

Ջ	Ո	Ւ	Ր	Ք	Հ	Ա	Վ	E	Վ	Շ	K	Ւ	Ի
Պ	Բ	Ր	Ի	Ն	Ձ	Ո	Գ	Ս	Ե	Ր	Մ	Ե	Ր
O	Ս	Բ	A	Թ	Խ	Է	Ր	Ռ	Հ	Ի	K	Ւ	Մ
Բ	Է	Ը	Ձ	K	Հ	Շ	Ժ	Թ	Ա	Ե	Ո	Գ	Ն
Ց	Ք	Մ	Ա	Բ	Ի	Չ	Ո	Ն	Թ	Վ	Չ	Մ	Ջ
Փ	Մ	Ե	Ղ	Ո	Ւ	Չ	O	Ւ	Թ	Ր	Տ	Պ	Ա
Գ	Պ	Ղ	K	Հ	Ֆ	Է	Ռ	Խ	Ն	Յ	Ց	Ձ	Ն
Պ	Ա	Ր	Ա	Ր	Տ	Ա	Ն	Յ	Ո	Ւ	Թ	Ի	Ը
Դ	Հ	Փ	Ր	H	Մ	Տ	Ֆ	Ֆ	Ո	Կ	Բ	Գ	Փ
Ա	Ր	Ը	Ո	Ը	Խ	Ը	Ա	Ֆ	Ւ	Ա	Հ	Ո	Տ
Շ	Ո	Բ	Հ	Ս	Շ	Ց	Յ	Վ	Ի	Տ	H	Թ	Ո
Տ	Ը	Խ	Կ	Է	Պ	E	Ծ	Ը	K	Ո	Փ	Ք	Բ
Բ	Թ	Ի	Ո	Պ	Գ	Մ	Ի	Ա	Չ	Ւ	Յ	E	Բ
Հ	Ա	Յ	Վ	Ց	Ա	Ն	Կ	Ա	Պ	Ա	Տ	Ի	A

ՄԵՂՈՒ
ԲԻՉՈՆ
ՀՈՐԹ
ԿԱՏՈՒ
ՀԱՎ
ԿՈՎ
ԱԳՌԱՎ
ՇՈՒՆ
ԷՇ
ՑԱՆԿԱՊԱՏԻ
ՊԱՐԱՐՏԱՆՅՈՒԹ
ԴԱՇՏ
ՀՈՏ
ԱՅԾԻ
ՀԱՑ
ՄԵՂՐ
ՁԻ
ԲՐԻՆՁ
ՍԵՐՄԵՐ
ՋՈՒՐ

13 - Camping

Լ	Ո	Ւ	Ս	Ի	Ն	Ք	Փ	Լ	Ր	Չ	Ի	Բ	Տ
Վ	A	Կ	Ե	Ն	Դ	Ա	Ն	Ի	Ն	Ե	Ր	Ն	Ն
Ս	Ր	Ք	K	Պ	Բ	Ր	Վ	Ճ	E	Ժ	Տ	Ո	Ա
Ե	Զ	Ա	Շ	E	Գ	Տ	Ծ	Ա	Ռ	Ե	Ր	Ւ	Կ
Ջ	Ռ	Ճ	Ն	K	Լ	Ե	Շ	Է	Կ	Ջ	O	Թ	Ո
Վ	Թ	Ք	Ք	Ժ	Խ	Զ	E	Ա	Ց	Զ	Ճ	Յ	Ւ
Կ	Ո	Ղ	Մ	Ն	Ա	Ց	Ո	Ւ	Յ	Ց	Ջ	Ո	Մ
Ր	Ց	Չ	Ի	Ք	Ր	Մ	Ո	Ր	Ս	Վ	P	Ւ	Ի
Ա	Ր	Ի	O	Տ	Կ	A	Ա	Ճ	Ս	Ը	E	Ն	Ջ
Կ	Ծ	Բ	Լ	Ե	Ռ	Ւ	Ն	Ն	Շ	Զ	Ք	Վ	Ա
Է	Խ	Ց	Յ	Գ	Վ	Պ	Տ	Ջ	Ց	Մ	Ր	Ջ	Տ
Հ	Ւ	Պ	Ա	Ր	Ա	Ն	Ա	Ր	Կ	Ա	Ծ	Ց	Ք
Թ	Պ	Ց	O	K	H	Տ	Ռ	H	Ց	Ջ	Ւ	Ք	K
Լ	Դ	Ը	Փ	Թ	Ս	Ջ	O	P	Ծ	P	Ջ	K	Ս

ԱՐԿԱԾ
ԿԵՆԴԱՆԻՆԵՐ
ՏՆԱԿՈՒՄ
ՆԱՎԱԿ
ԿՈՂՄՆԱՑՈՒՅՑ
ԿՐԱԿ
ԱՆՏԱՌ
ԺԱՄԱՆՑ
ԳԼԽԱՐԿ
ՈՐՍ
ՄԻՋԱՏ
ԼԻՃ
ՔԱՐՏԵԶ
ԼՈՒՍԻՆ
ԼԵՌ
ԲՆՈՒԹՅՈՒՆ
ՊԱՐԱՆ
ՎՐԱՆ
ԾԱՌԵՐ

14 - Conservation

Վ	Կ	Ջ	Ո	Ւ	Ր	Բ	Կ	Չ	Օ	Ա	Կ	Մ	Ջ
Ջ	Ե	Ա	Ծ	Պ	Ֆ	Ն	Ա	Բ	Ր	Ռ	Ր	Տ	Ն
A	Ե	Ր	Ն	Է	Ժ	Ա	Մ	H	Գ	Ո	Թ	Ա	Վ
H	H	Ձ	Ա	Ա	Ջ	Կ	Ա	Տ	Ա	Ղ	Ո	Հ	Ա
Է	Կ	Ա	P	Մ	Չ	Ա	Վ	Օ	Ն	Ջ	Ւ	Ո	Զ
K	Վ	Ա	P	Ֆ	Շ	Ն	Ո	Ր	Ա	Ո	Թ	Գ	Ե
Կ	Ա	Յ	Ո	Ւ	Ն	Ա	Ր	Բ	Կ	Ւ	Յ	Ո	Ց
Մ	Մ	Ե	Լ	P	Յ	Զ	Կ	Ք	Ա	Թ	Ո	Ւ	Ն
E	Զ	A	Ճ	Գ	Ո	Ռ	Լ	Ե	Ն	Յ	Ւ	Թ	Ե
Օ	Տ	Պ	Ե	Ծ	Ը	Պ	Ի	Տ	Լ	Ո	Ն	Յ	Լ
Է	Ռ	Ց	Ի	Կ	Լ	Խ	Մ	Զ	A	Ւ	Լ	Ո	Փ
Ձ	E	Ք	Շ	Ժ	Խ	Բ	Ա	Ս	P	Ն	Զ	Ւ	Ռ
Բ	Ն	Ա	Պ	Ա	Հ	Պ	Ա	Ն	Ա	Կ	Ա	Ն	Թ
Է	Կ	Ո	Հ	Ա	Մ	Ա	Կ	Ա	Ր	Գ	Տ	Գ	Ս

ԿԼԻՄԱ
ՄՏԱՀՈԳՈՒԹՅՈՒՆ
ՑԻԿԼ
ԷԿՈՀԱՄԱԿԱՐԳ
ԿՐԹՈՒԹՅՈՒՆ
ԲՆԱՊԱՀՊԱՆԱԿԱՆ
ԿԱՆԱՉ
ԱՌՈՂՋՈՒԹՅՈՒՆ
ԲՆԱԿԱՆ
ՕՐԳԱՆԱԿԱՆ
ՎԵՐԱՄՇԱԿԵԼ
ՆՎԱԶԵՑՆԵԼ
ԿԱՅՈՒՆ
ԿԱՄԱՎՈՐ
ՋՈՒՐ

15 - Cats

Ա	Զ	Չ	E	Գ	Ճ	Ա	Խ	Շ	Տ	Ի	K	Ր	Կ
Ֆ	Ն	Վ	Օ	Ւ	Ղ	Ր	Փ	Ր	Հ	Ց	Է	Ց	Ռ
Զ	Հ	Կ	Ա	Ք	A	Ա	Ծ	Ա	Ֆ	Մ	Է	Ւ	Յ
K	Ե	Ժ	Ա	Ր	Փ	Գ	Թ	Ա	Թ	Զ	Զ	Լ	Ժ
Ք	Տ	Ճ	K	Խ	Ճ	A	Ք	A	Փ	Ջ	Բ	Ք	Թ
Ջ	Ա	Ր	Ջ	Ե	Լ	Ա	Է	K	Վ	Ա	Հ	Բ	Ս
Ո	Ք	Բ	Ք	Ն	Ե	Լ	Լ	Պ	Ա	Տ	Ռ	Ե	Լ
Ա	Ր	Գ	Ն	Թ	P	Ծ	Օ	Ի	Յ	Ք	Ի	Չ	Գ
Մ	Ք	Ա	Ֆ	Ն	Ղ	Ը	Ո	Ո	Ր	Ս	Ո	Ր	Դ
Ա	Ր	Ե	Զ	Է	Ն	Ռ	Ր	Վ	Ի	Ը	Ծ	Ն	P
Չ	Ա	Ր	Մ	Ա	Ն	Վ	Ա	Ծ	Ք	Տ	Հ	Ո	E
Կ	Ս	Լ	Պ	Ո	Չ	Ս	Օ	Ձ	Չ	A	K	Է	Բ
Ո	Ե	Օ	Ո	Է	Ւ	Ձ	K	Ր	Կ	Ը	Զ	Տ	Գ
Տ	Ր	Ւ	Ծ	Ց	Ք	Կ	Ւ	Ը	Ճ	Փ	Ե	K	Բ

ՊԱՏՌԵԼ
ԽԵՆԹ
ՀԵՏԱՔՐՔՐԱՍԵՐ
ԱՐԱԳ
ԶՎԱՐՃԱԼԻ
ՈՐՍՈՐԴ
ԱՆԿԱԽ
ՔԻՉ
ՄՈՒԿ
ԹԱԹ
ԱՄԱՉԿՈՏ
ՔՆԵԼ
ՊՈՉ
ՎԱՅՐԻ
ՄԱՆՎԱԾՔ

16 - Numbers

Է	Յ	Տ	Ա	Ս	Ն	Չ	Ո	Ր	Ս	Ջ	Ք	Ը	Ճ
O	Չ	Ո	Ր	Ս	Ժ	Դ	Ձ	Հ	Մ	P	Զ	Բ	Տ
Ք	Բ	Ք	Թ	Տ	Ա	Ս	Ը	Չ	Տ	Ը	Բ	Վ	Ա
Տ	Ա	Ս	Ն	Հ	Ի	Ն	Գ	Ծ	Ա	Ի	Ս	Լ	Ս
Խ	O	Տ	A	Ը	Խ	P	Ց	Ս	Ս	Մ	Ե	Կ	Ն
E	Ե	Է	Ա	Ս	Ձ	Ձ	Ե	A	Ն	Ա	Ր	Տ	Ի
A	Դ	Տ	Ա	Ս	Ն	Ե	Ր	Կ	Ո	Ւ	Ե	Ա	Ն
Տ	Ճ	Ս	Զ	Ե	Ն	Չ	Կ	A	Ր	Թ	Ք	Ս	Ը
Ա	Ա	Գ	Զ	Չ	H	Ո	Ո	Ֆ	Դ	Ը	Խ	Ն	Վ
Ս	P	Ս	Ի	Ն	E	A	Ւ	Ո	Ա	Կ	Տ	Ե	Ց
Ն	Դ	Զ	Ն	Լ	O	Վ	Մ	Թ	Կ	Փ	Ժ	Ր	Չ
Վ	Խ	Հ	Ը	Յ	Բ	Ե	Ք	Ս	Ա	Ն	Ռ	Ե	E
Ե	Ո	Ւ	Թ	Ւ	Ո	Ց	Հ	Ի	Ն	Գ	Ի	Ք	Վ
Ց	E	Ի	Զ	Ղ	Ր	Թ	Պ	Վ	Ճ	Մ	Ն	Ջ	Ճ

ՏԱՍՆՈՐԴԱԿԱՆ
ՈՒԹ
ՏԱՍՆՈՒԹ
ՏԱՍՆՀԻՆԳ
ՀԻՆԳ
ՉՈՐՍ
ՏԱՍՆՉՈՐՍ
ԻՆԸ
ՏԱՍՆԻՆԸ
ՄԵԿ
ՅՈԹ
ՏԱՍՆՅՈԹ
ՎԵՑ
ՏԱՍՆՎԵՑ
ՏԱՍԸ
ՏԱՍՆԵՐԵՔ
ԵՐԵՔ
ՏԱՍՆԵՐԿՈՒ
ՔՍԱՆ
ԵՐԿՈՒ

17 - Spices

Ի	Բ	Ը	Պ	Մ	Ժ	Դ	Ա	Ր	Չ	Ի	Ն	Ք	Դ
Հ	Ի	Լ	Ա	Շ	Ս	Ա	Մ	Ի	Թ	Ծ	Բ	Ա	Դ
Շ	Բ	Մ	Պ	Կ	Ֆ	Ռ	Ղ	Ջ	Ը	Ղ	Ի	Ղ	Խ
Չ	Հ	Վ	Ր	Ը	Ե	Ը	Ֆ	E	Ը	Ք	Ը	Ց	Է
Ա	Ռ	Ո	Ի	Ն	Ն	Ա	A	Ջ	Ն	Ջ	Պ	Ր	Ս
Մ	Ն	A	Կ	Կ	Ո	Թ	Ղ	Հ	Դ	Ծ	Լ	Պ	Խ
Ա	Ռ	Ի	Ա	Ո	Ւ	Մ	Կ	Ա	Ր	Ր	Ի	Ը	Տ
Ն	Ի	Շ	Ս	Ւ	Գ	Լ	Ե	Ա	Ի	Ե	Դ	A	Ո
Չ	Ծ	Բ	Չ	Յ	Ր	Ղ	Ի	Խ	Հ	Ա	Մ	Ը	Ր
Ժ	Ր	Գ	Ո	Զ	Ե	Փ	Ր	Զ	Ա	Ւ	Ն	Շ	Փ
Չ	Կ	Ե	A	Շ	Կ	A	H	Դ	Մ	Կ	Ա	Ք	Վ
Կ	Ո	Ճ	Ա	Պ	Ղ	Պ	Ե	Ղ	Ե	Ծ	Մ	Ջ	Լ
Զ	Ա	Ֆ	Ր	Ա	Ն	Ջ	Գ	Փ	Մ	Ո	Զ	O	Տ
Ժ	Լ	Ղ	Ր	Ը	Դ	Ց	Ս	Ո	Խ	Զ	Ա	Ւ	Մ

ԱՆԻՍ
ԴԱՌԸ
ՀԻԼ
ԴԱՐՉԻՆ
ՄԵԽԱԿ
ՀԱՄԵՄ
ՉԱՄԱՆ
ԿԱՐՐԻ
ՍԱՄԻԹ
ՖԵՆՈՒԳՐԵԿ
ՀԱՄԸ
ՍԽՏՈՐ
ԿՈՃԱՊՂՊԵՂ
ՄՇԿԸՆԿՈՒՅԶ
ՍՈԽ
ՊԱՊՐԻԿԱ
ԶԱՖՐԱՆ
ԱՂ
ՔԱՂՑՐ

18 - Mammals

Ե	Դ	Զ	Փ	Ջ	Ն	Դ	Գ	Ն	Ծ	Հ	Չ	Տ	Շ
Ա	Ր	Ջ	Խ	Յ	Գ	Ց	A	Ո	Չ	Խ	Ա	Ր	Զ
Ղ	Ծ	Խ	Կ	Կ	Ա	Տ	Ո	Ւ	Ր	Վ	Ը	Դ	Ե
Վ	Ի	Ֆ	Ռ	Ո	Յ	Ջ	A	Ւ	Ր	Ի	Թ	Է	Բ
Ե	Ձ	Ֆ	Դ	Յ	Լ	Ճ	Ձ	Ց	Լ	Վ	Լ	Ւ	Ր
Ս	Ը	Ն	Ձ	Ո	Ւ	Ղ	Տ	Ջ	Ա	Ծ	Ե	Ա	Ա
Ի	K	Զ	Տ	Տ	Թ	E	Ձ	Ի	Փ	Ճ	Հ	Ռ	Պ
Կ	Ե	Ն	Գ	Ո	Ւ	Ր	Ո	Ւ	Պ	Ի	Ճ	Յ	Ժ
Կ	Ա	Պ	Ի	Կ	Բ	Դ	Ա	Գ	Թ	Գ	Ղ	Ո	Ա
Կ	Ո	Ւ	Ղ	Բ	Ը	H	Մ	K	Փ	Ժ	Ք	Ւ	Ո
Ը	Ք	P	Ց	Ր	Թ	Ճ	Ա	Գ	Ա	Ր	Ս	Ծ	Շ
Ձ	P	Մ	Ք	A	Պ	Ժ	Կ	Շ	Ո	Ւ	Ն	Ի	Ո
Ն	Ֆ	A	K	Պ	Շ	Դ	Ե	Լ	Ֆ	Ի	Ն	H	Ջ
Գ	Դ	Յ	Ո	E	K	Դ	Տ	Ը	P	Ծ	Ռ	Խ	Զ

ԱՐՋ
ԿՈՒՂԲ
ՑՈՒԼ
ԿԱՏՈՒ
ԿՈՅՈՏ
ՇՈՒՆ
ԴԵԼՖԻՆ
ՓԻՂ
ԱՂՎԵՍ
ԸՆՁՈՒՂՏ

ԳՈՐԻԼԱ
ՁԻ
ԿԵՆԳՈՒՐՈՒ
ԱՌՅՈՒԾ
ԿԱՊԻԿ
ՃԱԳԱՐ
ՈՉԽԱՐ
ԿԵՏ
ԳԱՅԼ
ԶԵԲՐԱ

19 - Fishing

Խ	Օ	Վ	Կ	Ի	Ա	Ն	Ո	Ս	Փ	Գ	E	Տ	Պ
Ք	Ո	Խ	Ա	Յ	Ծ	Տ	Զ	P	Զ	Ց	Ի	Վ	A
Ա	Ժ	Հ	Լ	Ի	Ճ	Ժ	Ը	Պ	Ի	P	Պ	Լ	Հ
Շ	Ս	Զ	Ա	Մ	Բ	Յ	Ո	Ւ	Ղ	Ը	Վ	Լ	Ս
Ը	Հ	E	Գ	Ր	Ր	Զ	Պ	Ջ	Կ	H	Ե	Վ	Ե
Ո	Ր	Ս	Ա	Լ	Ա	Ջ	Ր	Ն	Ւ	K	Գ	Պ	Զ
Թ	Բ	Ւ	Ց	Լ	Դ	Ր	Փ	Շ	Ֆ	Ֆ	Խ	Ճ	Ո
Չ	Հ	Ա	Մ	Բ	Ե	Ր	Ո	Ւ	Թ	Յ	Ո	Ւ	Ն
Ն	Ա	Վ	Ա	Կ	Լ	Ո	Ղ	Ա	Փ	Դ	Չ	Պ	Ր
Պ	Ս	Ս	Ա	Գ	Փ	P	P	Բ	Լ	Ֆ	Ս	Ա	Փ
Ը	Ի	H	Հ	Դ	Ծ	Պ	Ռ	Պ	Զ	Թ	Ը	Ռ	Ր
Ժ	Ի	Դ	Բ	Յ	Ք	Ն	Ր	Ց	Ը	Ք	Ա	Ե	Ժ
Ե	Բ	Փ	Ո	Ե	Փ	Ջ	Ո	Ւ	Ր	Ղ	Փ	H	Կ
Ք	Ա	Գ	E	Հ	Գ	Գ	Ե	Տ	H	Ա	Բ	Մ	Ժ

ԽԱՅԾ
ԶԱՄԲՅՈՒՂ
ԼՈՂԱՓ
ՆԱՎԱԿ
ԽՈՀԱՐԱՐ
ԳԻԼՍ
ՈՐՍԱԼ
ԾՆՈՏ

ԼԻՃ
ՕՎԿԻԱՆՈՍ
ՀԱՄԲԵՐՈՒԹՅՈՒՆ
ԳԵՏ
ՍԵԶՈՆ
ՋՈՒՐ
ՔԱՇԸ

20 - Restaurant #1

Ֆ	Ֆ	Ա	Լ	Ե	Ր	Գ	Ի	Ա	Ւ	Ք	Մ	Ի	Լ
Ր	Թ	Ղ	Փ	Դ	Ե	Ս	Ե	Ր	Տ	Ե	Ե	Փ	Վ
Պ	Ծ	Ժ	Ճ	Ս	Ւ	K	Ց	Ծ	Ք	Թ	Ն	Ց	Ե
Ւ	Ձ	Ի	Կ	Յ	Ե	Գ	Ո	Ւ	Ն	Դ	Յ	Խ	Ր
Ս	Ն	Ո	Ւ	Ն	Դ	Դ	Փ	Ի	Օ	Ր	Ո	Խ	Ա
Ո	Հ	H	Թ	Ծ	Գ	Ա	P	Ա	Ֆ	K	Ւ	Ո	Պ
Թ	Ս	Մ	Բ	H	Կ	Ն	Օ	Մ	Ի	Ս	Ք	Հ	Ա
Թ	Տ	Ո	Դ	Ժ	Ի	Ա	Բ	Ծ	Ճ	Ց	Կ	Ա	Հ
Ո	Հ	Չ	Ւ	Կ	Թ	Կ	Կ	Ժ	Ս	Ֆ	Փ	Ն	Ո
Ձ	Գ	K	Ռ	Ր	Օ	K	Վ	Խ	Ջ	Է	Տ	Ո	Ւ
Ս	Ո	Ո	Ւ	Ս	Ճ	Գ	Ի	Օ	Ռ	A	Կ	Ց	Մ
Ո	Ւ	Տ	Ե	Լ	Հ	Կ	Ծ	Ո	Ւ	Հ	Ա	Ց	Շ
Ռ	Ց	Փ	Լ	Պ	Ա	Ն	Ձ	Ե	Ռ	Ո	Ց	Ի	Կ
Ռ	A	Փ	Ե	Ճ	Վ	Գ	Գ	Փ	Լ	Դ	P	Թ	Թ

ԱԼԵՐԳԻԱ
ԳՈՒՆԴ
ՀԱՑ
ՀԱՎ
ՍՈՒՐՃ
ԴԵՍԵՐՏ
ՍՆՈՒՆԴ
ԽՈՀԱՆՈՑ
ԴԱՆԱԿ

ՄԻՍ
ՄԵՆՅՈՒ
ԱՆՁԵՌՈՑԻԿ
ԱՓՍԵ
ՎԵՐԱՊԱՀՈՒՄ
ՍՈՈՒՍ
ԿԾՈՒ
ՈՒՏԵԼ

21 - Bees

Ծ	Ս	Թ	Յ	A	P	Ն	Ժ	Պ	H	Բ	Ջ	Պ	Չ
Տ	Ն	Զ	Ժ	Փ	Ա	Բ	Մ	Ե	Ղ	Ր	Ժ	Ք	Յ
Թ	Ո	Մ	Ո	Մ	Ե	Յ	Ո	Ր	Ն	Դ	Փ	Ֆ	Ճ
Ն	Ւ	Բ	Ք	Ո	Փ	Թ	Պ	Թ	Ը	Ա	Ց	Ժ	Վ
Ը	Ն	Ո	Է	Կ	Ո	Հ	Ա	Մ	Ա	Կ	Ա	Ր	Գ
Թ	Դ	Ւ	Ծ	Թ	Փ	Ձ	Յ	Կ	Մ	Ր	Գ	Ե	Ր
Ա	Կ	Յ	Ո	Ե	Ո	Ը	Գ	Ց	Ի	Ա	Ե	Լ	Ծ
Գ	Ա	Ս	Ւ	Ւ	Փ	Ե	Ի	Փ	Ջ	Թ	Յ	Ւ	Ա
Ո	Լ	Ե	Խ	Ե	Ո	Պ	Ց	Յ	Ա	Ջ	Գ	K	Ղ
Ւ	P	Ր	Ե	Ր	Խ	Ջ	Ո	Տ	Տ	Շ	Ւ	Ժ	Ի
Հ	Ջ	Ր	Է	Գ	Ո	Ր	Յ	Լ	Ջ	E	H	Թ	Կ
Ի	Ծ	Ի	Ց	Ղ	Ղ	E	Ղ	A	Ե	Պ	Գ	Լ	Ն
Շ	Ա	Հ	Ա	Վ	Ե	Տ	Տ	Չ	E	Ն	Ժ	Ճ	Ե
Ը	Մ	Բ	Բ	Խ	Ւ	Ղ	Յ	Ռ	Փ	Ե	Ձ	Ա	Ր

ՇԱՀԱՎԵՏ
ԷԿՈՀԱՄԱԿԱՐԳ
ԾԱՂԻԿՆԵՐ
ՍՆՈՒՆԴ
ՄՐԳԵՐ
ԱՅԳԻ
ՓԵԹԱԿ
ՄԵՂՐ
ՄԻՋԱՏ
ԲՈՒՅՍԵՐ
ՊՈԼԵՆ
ՓՈՓՈԽՈՂ
ԹԱԳՈՒՀԻ
ԾՈՒԽ
ԱՐԵՒ
ԵՐԹ
ՄՈՄ
ԹԵՒԵՐ

22 - Sports

Լ	H	Խ	Խ	Դ	Պ	A	Ջ	Խ	Շ	Խ	Ց	Մ	A
Թ	Ն	Ա	Ռ	Ա	Ջ	Ն	Ո	Ւ	Թ	Յ	Ո	Ւ	Ն
Ե	Ի	Ղ	Բ	Տ	Ղ	Մ	Հ	Ո	Կ	Ե	Յ	Լ	E
Ն	Բ	Մ	Ա	Ա	Բ	Ա	Խ	Ե	Հ	Ւ	Գ	Ո	P
Ի	Ե	Ջ	Ս	Վ	Ւ	Ր	Ց	Գ	Ծ	Մ	Ի	Ղ	Տ
Ս	Յ	E	Կ	Ո	Ջ	Զ	Հ	Ո	Վ	Ա	Մ	Ա	E
Հ	Ս	Ի	Ե	Ր	Ս	Ա	Ը	Լ	Ղ	Ր	Ն	Լ	P
Ա	Բ	Շ	Տ	Ց	Կ	Դ	Օ	Ֆ	Շ	Զ	Ա	Ի	Փ
Ղ	Ո	Ա	Բ	Ե	Օ	Ա	Խ	Ս	Ի	Ի	Զ	Մ	Վ
Թ	Լ	Ր	Ո	Խ	Ի	Շ	Ք	Լ	Ջ	Չ	Ի	Ֆ	Ղ
Ո	H	Ժ	Լ	Շ	Ճ	Տ	Ս	Վ	Ի	Ժ	Ա	Դ	Ն
Ղ	Ծ	Ո	Ք	Ջ	Ե	Օ	P	Բ	Ց	Ք	Կ	Զ	Ժ
Մ	Ղ	Ւ	Ճ	Դ	Ն	Ջ	A	Ք	Թ	Ջ	Չ	Շ	Օ
Պ	Վ	Մ	Ա	Ր	Զ	Ի	Կ	Հ	Կ	Ո	Ը	Տ	Կ

ՄԱՐԶԻԿ
ԲԵՅՍԲՈԼ
ԲԱՍԿԵՏԲՈԼ
ՀԵԾԱՆԻՎ
ԱՌԱՋՆՈՒԹՅՈՒՆ
ՄԱՐԶԻՉ
ԽԱՂ
ԳՈԼՖ
ԳԻՄՆԱԶԻԱ
ՀՈԿԵՅ
ՇԱՐԺՈՒՄ
ԽԱՂԱՑՈՂ
ԴԱՏԱՎՈՐ
ՄԱՐԶԱԴԱՇՏ
ԹԻՄ
ԹԵՆԻՍ
ԼՈՂԱԼ
ՀԱՂԹՈՂ

23 - Weather

Բ	Ջ	P	Ֆ	Ա	Ւ	Դ	Ժ	Ս	Թ	H	E	Ճ	Ե
Մ	Ե	Ս	Թ	Մ	Ր	Լ	Հ	Ա	Ն	Գ	Ի	Ս	Տ
Ո	Ր	Ւ	Ե	Պ	Հ	Ս	Ս	Ռ	Ց	Չ	Փ	Ը	Մ
Ւ	Մ	Ռ	Ե	Ր	A	Ն	Ֆ	Ո	Ր	Պ	Ո	Տ	Թ
Ս	Ա	Մ	Ա	Ռ	Ա	Խ	Ո	Ւ	Ղ	E	Թ	Ր	Ն
Ո	Ս	A	Ց	Ս	Ա	Շ	O	Յ	Լ	Թ	Ո	Ա	Ո
Ն	Տ	Ր	Խ	K	Փ	Յ	Տ	Ց	Թ	Ե	Ր	Յ	Լ
Ծ	Ի	Ա	Ծ	Ա	Ն	Պ	Ի	Ծ	Ն	Ր	Ի	Թ	Ո
Դ	Ճ	Ք	Ռ	Վ	Ս	Ֆ	A	Ն	O	Կ	Կ	Զ	Ր
Ւ	Ա	Ժ	Կ	Մ	A	O	E	Ն	Ք	Ի	Լ	Ե	Տ
Ջ	Ն	Ւ	Պ	Զ	H	Ի	Ռ	Ե	Բ	Ն	Ի	Թ	Ա
Թ	Ը	P	Ձ	Ե	Փ	Յ	Ո	Ւ	Ռ	Ք	Մ	Դ	Ր
Ս	Լ	Ի	Ղ	Գ	Ռ	Լ	H	Զ	E	Ծ	Ա	Ր	Ա
Կ	Ա	Յ	Ծ	Ա	Կ	Ս	Ձ	Թ	P	Գ	Յ	Ծ	Փ

ՄԹՆՈԼՈՐՏ
ՁԵՓՅՈՒՌ
ՀԱՆԳԻՍՏ
ԿԼԻՄԱ
ԱՄՊ
ԵՐԱՇՏ
ՉՈՐ
ՄԱՌԱԽՈՒՂ
ՍԱՌՈՒՅՑ
ԿԱՅԾԱԿ
ՄՈՒՍՈՆ
ԲԵՒԵՌԱՅԻՆ
ԾԻԱԾԱՆ
ԵՐԿԻՆՔ
ՓՈԹՈՐԻԿ
ՋԵՐՄԱՍՏԻՃԱՆԸ
ՈՐՊՈՍ
ՏԱՐԱՓ

24 - Circus

Փ	Տ	Ռ	Հ	Կ	Կ	Ս	Դ	Վ	Ց	Չ	Ծ	Ծ	Փ
Ծ	Ի	Կ	Ա	Խ	Ա	Ր	Դ	Ր	Ռ	Խ	Տ	Խ	Ը
Ա	E	Ղ	Ն	Կ	Խ	Վ	Թ	Ա	Ռ	Յ	Ո	Ւ	Ծ
Ղ	Ն	Չ	Դ	Ծ	Ա	Լ	Ա	Ն	Շ	Դ	Մ	Կ	Ղ
Ր	Ւ	Ժ	Ի	Չ	Ր	Պ	Ռ	Գ	P	Փ	Ս	Ո	Հ
Ա	Ղ	Գ	Ս	Փ	Դ	Ք	Ի	P	Ր	Ո	P	Ս	Ձ
Ծ	Յ	Ց	Ա	Ւ	Ա	Դ	A	Կ	Ռ	Ւ	Շ	Տ	Ի
Ո	K	Խ	Տ	P	Կ	Ո	Մ	Ո	P	Չ	Ո	Յ	Գ
Ւ	Տ	A	Ե	P	Ա	Չ	Օ	Յ	Յ	Ի	Ո	Ո	Դ
Ձ	P	Ճ	Ս	Հ	Ն	Ա	Ր	Ք	Ռ	Կ	Ւ	Ւ	Չ
Ա	Կ	Ր	Ո	Բ	Ա	Տ	Օ	Օ	Օ	Ն	Ղ	Մ	Դ
Շ	Ք	Ե	Ր	Թ	Ձ	Ո	Ն	Գ	Լ	Ե	Ր	Յ	P
Կ	Ե	Ն	Դ	Ա	Ն	Ի	Ն	Ե	Ր	Ր	Խ	Ղ	Ղ
Ե	Ր	Ա	Ժ	Շ	Տ	Ո	Ւ	Թ	Յ	Ո	Ւ	Ն	Ճ

ԱԿՐՈԲԱՏ
ԿԵՆԴԱՆԻՆԵՐ
ՓՈՒՉԻԿՆԵՐ
ԾԱՂՐԱԾՈՒ
ԿՈՍՏՅՈՒՄ
ՓԻՂ
ՋՈՆԳԼԵՐ
ԱՌՅՈՒԾ
ԿԱԽԱՐԴԱԿԱՆ
ԿԱԽԱՐԴ
ԿԱՊԻԿ
ԵՐԱԺՇՏՈՒԹՅՈՒՆ
ՇՔԵՐԹ
ՇՈՈՒ
ՀԱՆԴԻՍԱՏԵՍ
ՎՐԱՆ
ՏՈՄՍ
ՎԱԳՐ
ՀՆԱՐՔ

25 - Restaurant #2

Ձ	Ո	Ւ	Կ	Ռ	H	Շ	Կ	Ե	O	Պ	Ը	Բ	Ք
Տ	Ո	Ր	Թ	Բ	Ղ	Ռ	Ջ	Պ	Կ	Ա	Մ	Ա	Խ
Ա	Լ	Ւ	Ջ	Ձ	Ն	Ժ	Փ	Ի	Ճ	Տ	Պ	Ն	Ն
Մ	Ա	Տ	Ո	Ւ	Ց	Ո	Ղ	Ժ	Ձ	Ա	Ե	Ջ	Բ
Չ	Ր	Է	Ւ	Ը	Գ	Ա	Դ	Ե	Ր	Ռ	Լ	Ա	Շ
Մ	Բ	Գ	Ր	Ն	Դ	Ճ	Ի	Չ	A	Ա	Ի	Ր	Ռ
Ս	Վ	Տ	Ե	Թ	Ա	Ա	Թ	Ո	Ռ	Ք	Ք	Ե	K
Ա	Պ	Ո	Ւ	Ր	Լ	Շ	Ա	Ճ	Ղ	Ա	Յ	Ղ	O
Ռ	Հ	Ւ	Մ	Ի	A	Ղ	Ձ	Լ	Ծ	Ղ	Ժ	Ե	Պ
Ո	Ժ	Ա	Չ	Ք	Ւ	O	Ձ	H	Լ	Ֆ	Թ	Ն	E
Ւ	Է	Ղ	Մ	Ճ	Յ	Փ	Ա	Ն	Չ	H	Ֆ	Փ	Չ
Յ	O	Թ	Դ	Ե	A	Ն	Վ	Շ	Դ	Է	Չ	Չ	Է
Ց	A	Չ	Ձ	Ճ	Ղ	Ա	Ղ	Ց	Ա	Ն	Ճ	Ա	Շ
Հ	Ա	Մ	Ե	Մ	Ո	Ւ	Ն	Ք	Ն	Ե	Ր	Տ	H

ԸՄՊԵԼԻՔ
ՏՈՐԹ
ԱԹՈՌ
ՀԱՄԵՂ
ԸՆԹՐԻՔ
ՁՈՒ
ՁՈՒԿ
ՊԱՏԱՌԱՔԱՂ
ՄՐԳԵՐ
ՍԱՌՈՒՅՑ
ՃԱՇ
ԱՂՑԱՆ
ԱՂ
ԱՊՈՒՐ
ՀԱՄԵՄՈՒՆՔՆԵՐ
ԳԴԱԼ
ԲԱՆՋԱՐԵՂԵՆ
ՄԱՏՈՒՑՈՂ
ՋՈՒՐ

26 - Geology

Շ	Շ	Ֆ	Հ	Ր	Ա	Բ	Ո	Ւ	Խ	Բ	Ե	Հ	Ս
Գ	Ե	Յ	Զ	Ե	Ր	Վ	Կ	K	Ց	Յ	Ր	Ա	Տ
Ս	Ք	Ր	Ո	Ր	Ձ	Ա	Ք	Ա	Ր	Ո	Կ	Ն	Ա
Ձ	Լ	Լ	Տ	Զ	Օ	Ղ	Ա	Օ	Ֆ	Ւ	Ր	Ք	Լ
Ք	Կ	Ա	Լ	Ց	Ի	Ո	Ւ	Մ	Չ	Ր	Ա	Ա	Ա
Ա	Շ	Խ	Ա	Ր	Հ	Ա	Մ	Ա	Ս	Ե	Շ	Յ	Կ
Ր	Զ	Հ	Ա	Ն	Ա	Ծ	Ո	Ղ	P	Ղ	Ա	Ի	Տ
Ց	Ի	Կ	Լ	Ե	Ր	Օ	Կ	E	Հ	Ն	Ր	Ն	Ի
Ս	Ա	Ր	Ա	Հ	Ա	Ր	Թ	Ո	H	Ե	Ժ	Բ	Տ
Լ	Թ	Թ	Ո	Ւ	Ե	Ք	Ա	P	Ր	Ր	Ք	Ո	Ծ
Պ	Ա	E	Ե	Ս	Գ	Ռ	K	Փ	Ռ	Ա	Տ	Թ	Ֆ
Ձ	Ձ	Վ	Լ	Կ	Ձ	Ռ	K	Օ	Է	Ո	Լ	Ղ	Շ
Հ	Ի	Չ	Ա	Ֆ	Գ	Է	Ր	Ո	Զ	Ի	Ա	Ե	Ց
Ժ	Ը	Ձ	Մ	Օ	Ք	Ա	Ր	Ա	Ն	Ձ	Ա	Վ	Ի

ԹԹՈՒ
ԿԱԼՑԻՈՒՄ
ՔԱՐԱՆՁԱՎԻ
ԱՇԽԱՐՀԱՄԱՍ
ԿՈՐԱԼ
ԲՅՈՒՐԵՂՆԵՐ
ՑԻԿԼԵՐ
ԵՐԿՐԱՇԱՐԺ
ԷՐՈԶԻԱ
ՀԱՆԱԾՈ
ԳԵՅԶԵՐ
ԼԱՎԱ
ՇԵՐՏ
ՀԱՆՔԱՅԻՆ
ՍԱՐԱՀԱՐԹ
ՈՐՁԱՔԱՐ
ԱՂ
ՍՏԱԼԱԿՏԻՏ
ՔԱՐ
ՀՐԱԲՈՒԽ

27 - House

Ց	Ա	Ն	Կ	Ա	Պ	Ա	Տ	Ի	Հ	Ֆ	Զ	Ե	Ժ
L	H	Ռ	Ի	Գ	Կ	H	Զ	Գ	Ա	Շ	Ա	Ց	E
Ա	Ր	Ռ	Ֆ	Ր	Հ	Ջ	Ն	Ջ	Յ	A	Վ	O	Ճ
Մ	Հ	Ս	O	Ա	E	Ֆ	H	K	Ե	Ն	Տ	Զ	Ո
Պ	Վ	Դ	Կ	Դ	Ո	Ծ	Խ	Բ	L	Հ	Ո	Թ	Է
Ս	Ե	Ն	Յ	Ա	Կ	Ձ	Ո	Ո	Ի	Ա	Տ	E	A
Ր	Ձ	Վ	Ա	Ր	Ա	Գ	Ո	Ւ	Յ	Ր	Ն	Ե	Ր
Թ	Ե	Պ	Ռ	Ա	Ա	K	Ի	Խ	Ց	Կ	Ա	A	Ց
Ժ	Ռ	Դ	Չ	Ն	L	Խ	Դ	Ա	Ա	Ա	Կ	Փ	Ի
Ց	Ն	Ց	Ո	Ւ	Ղ	L	Ա	Ր	Խ	Հ	Պ	Ա	Տ
Գ	Ա	Ռ	K	Ւ	Ք	Ք	Յ	Ի	Ա	Ո	Ռ	Ղ	Պ
Բ	Ր	Կ	Ի	H	Ռ	Ո	Գ	Ձ	Վ	Ւ	Ջ	Ք	Ձ
Մ	Կ	Ց	L	Տ	Ա	Ն	Ի	Ք	Ե	Յ	Ո	Ֆ	E
Խ	Ո	Հ	Ա	Ն	Ո	Ց	Ջ	Բ	L	Ք	Ս	Ձ	Ժ

ՁԵՌՆԱՐԿ
ՑԱԽԱՎԵԼ
ՎԱՐԱԳՈՒՅՐՆԵՐ
ԴՈՒՌ
ՑԱՆԿԱՊԱՏԻ
ԲՈՒԽԱՐԻ
ՀԱՐԿ
ԿԱՀՈՒՅՔ
ԱՎՏՈՏՆԱԿ

ԱՅԳԻ
ԽՈՀԱՆՈՑ
ԼԱՄՊ
ԳՐԱԴԱՐԱՆ
ՀԱՅԵԼԻ
ՏԱՆԻՔ
ՍԵՆՅԱԿ
ՑՆՑՈՒՂ
ՊԱՏ

28 - Comedy

Թ	Ա	Տ	Ր	Ո	Ն	Մ	Դ	Ֆ	Ծ	Կ	Ո	H	Պ
Ց	Ղ	Ծ	Խ	Ս	Զ	Ո	Խ	Ե	Լ	Ա	Ց	Ի	Ծ
Վ	Է	Դ	Ժ	Ծ	Ր	Ժ	Վ	Լ	Ր	Տ	Գ	Ջ	Ի
Ր	Ս	Բ	Դ	Ա	Զ	Վ	Ա	Ր	Ճ	Ա	Լ	Ի	Ծ
Ո	Ղ	Ժ	Պ	Ղ	Ն	Ջ	Ջ	E	Ի	Կ	Ս	Մ	Ա
H	Դ	K	Ֆ	Ր	P	Ր	Ք	Ո	Թ	Ն	Ւ	Ա	Ղ
Ժ	Չ	A	Պ	Ա	Ր	Ո	Դ	Ի	Ա	Ե	Հ	Ո	Ն
Ղ	Ե	Ի	Ց	Ծ	Դ	Ք	Ղ	Ժ	Ց	Ր	Ռ	Հ	Հ
Ի	Մ	Պ	Ր	Ո	Վ	Ի	Զ	Ա	Ց	Ի	Ա	Հ	Լ
Տ	Ե	Ց	Ք	Ւ	Ց	Դ	Զ	Մ	Ռ	H	Ժ	Ո	Ս
Գ	Թ	Ւ	Կ	Ն	K	E	Ք	Ա	P	Լ	Ւ	Ւ	Ա
Ց	Ց	Ձ	Ի	Ե	Կ	Խ	Ե	Ն	Պ	Բ	Ջ	Մ	Ր
Վ	Փ	Ը	Հ	Ր	Դ	Խ	Հ	Ց	Ը	Ձ	Վ	Ո	Ա
Ա	Ր	Տ	Ա	Հ	Ա	Յ	Տ	Ի	Չ	Ժ	Ա	Ր	Ն

ԴԵՐԱՍԱՆ
ԼՍԱՐԱՆ
ԽԵԼԱՑԻ
ԾԱՂՐԱԾՈՒՆԵՐ
ԱՐՏԱՀԱՅՏԻՉ
ԺԱՄԱՆՑ
ԶՎԱՐՃԱԼԻ
ԺԱՆՐ
ՀՈՒՄՈՐ
ԻՄՊՐՈՎԻԶԱՑԻԱ
ԿԱՏԱԿՆԵՐ
ԾԻԾԱՂ
ՊԱՐՈԴԻԱ
ԹԱՏՐՈՆ

29 - Bathroom

Զ	Ո	Ւ	Յ	Գ	E	Ի	Կ	Ծ	Զ	Խ	K	Ս	Ց
Հ	Դ	Ց	Ե	Ն	Օ	Ն	Ս	Պ	Ո	Ւ	Ն	Գ	Բ
Գ	Ա	Ւ	Ե	Զ	K	Բ	A	Ռ	Ւ	Ր	Շ	H	Ա
Ւ	Ո	Յ	P	Է	Լ	Ս	H	Լ	Գ	Ռ	Ա	Ա	Ղ
Ա	Ժ	Ր	Ե	Լ	Բ	Ր	Ե	Վ	Ա	Ն	Մ	Կ	Ն
Ռ	Մ	Խ	Գ	Լ	Գ	Բ	H	Ա	Ր	Ց	Պ	Ֆ	Ի
Մ	Կ	Ր	Ա	Տ	Ի	Ի	Պ	Ց	Ա	Զ	Ո	K	Ք
Ք	Թ	Մ	Է	Ծ	Ի	Չ	Յ	Ա	Ն	Ձ	Ւ	Դ	P
Օ	Ց	Ն	Ց	Ո	Ւ	Ղ	Ծ	Ր	K	Հ	Ն	Ղ	A
Ճ	Ջ	P	Բ	Պ	Հ	Օ	Ծ	Ա	Ն	Ե	Լ	Ի	Ք
Ա	Ո	Օ	Լ	Ո	Ս	Յ	Ո	Ն	Չ	Ձ	Ռ	E	Ս
Ռ	Ւ	Ժ	Կ	K	Ֆ	Շ	P	Ղ	Ի	Ծ	Ե	Ս	Ճ
A	Ր	Ե	Փ	Ճ	Ւ	Ւ	Թ	Ր	Ժ	H	P	Ծ	E
E	Մ	Ծ	A	Կ	Թ	Ձ	Ի	Տ	Շ	Ր	Մ	Ֆ	Ի

ԲԱՂՆԻՔ
ԾՈՐԱԿ
ԼՈՍՅՈՆ
ՀԱՅԵԼԻ
ՕԾԱՆԵԼԻՔ
ԳՈՐԳ
ՄԿՐԱՏ
ՇԱՄՊՈՒՆ
ՑՆՑՈՒՂ
ԼՎԱՑԱՐԱՆ
ՕՃԱՌ
ՍՊՈՒՆԳ
ԶՈՒՅԳ
ԶՈՒԳԱՐԱՆ
ՍՐԲԻՉ
ՋՈՒՐ

30 - School #1

Դ	K	Ղ	Ա	Դ	Ո	Ծ	Ղ	Ս	Դ	Լ	Ս	Չ	Պ
Թ	Ո	Ւ	Ղ	Թ	Ա	Ւ	Ս	Ո	Ժ	Դ	Ժ	Խ	Ա
H	Ա	Վ	Ց	Ջ	Թ	Ս	Ս	Վ	Ն	Ծ	Ռ	Ն	Տ
Վ	Փ	Ն	Ճ	Գ	Ո	Ս	Ա	Ո	Օ	Ս	Փ	Զ	Ա
Ւ	A	Բ	Ր	K	Ռ	H	H	Ր	Ւ	Ը	Ն	Զ	Ս
Ա	Յ	Բ	Ո	Ւ	Բ	Ե	Ն	Ե	Ա	Ց	Փ	K	Խ
Խ	Ա	Ժ	Ց	Տ	Ե	H	Ւ	Լ	Ո	Ն	Ի	Ղ	Ա
Մ	Ա	Տ	Ի	Տ	Յ	Ս	H	Ա	Ս	Մ	Ը	Չ	Ն
Թ	Ղ	Թ	Ա	Պ	Ա	Ն	Ա	Կ	Ն	Ե	Ր	E	Ն
Գ	Գ	Ջ	Գ	H	Ւ	Ժ	Ա	Մ	Ա	Ն	Ց	Ռ	Ե
Ր	Գ	Ր	Ա	Դ	Ա	Ր	Ա	Ն	Դ	Ճ	Ե	Ս	Ր
Ե	Ռ	Ջ	Ք	Չ	H	Ը	Ն	Կ	Ե	Ր	Ն	Ե	Ր
Լ	Ճ	Վ	Յ	Ե	Տ	Թ	Վ	Ե	Ր	K	Պ	Ի	E
Ճ	Ա	Ճ	Բ	Գ	Ր	Ա	Ս	Ե	Ղ	Ա	Ն	Զ	Է

ԱՅԲՈՒԲԵՆ
ՊԱՏԱՍԽԱՆՆԵՐ
ԳՐՔԵՐ
ԱԹՈՌ
ԴԱՍԱՐԱՆ
ԳՐԱՍԵՂԱՆ
ԹՂԹԱՊԱՆԱԿՆԵՐ
ԸՆԿԵՐՆԵՐ
ԺԱՄԱՆՑ
ԳՐԱԴԱՐԱՆ
ՃԱՇ
ԹՎԵՐ
ԹՈՒՂԹ
ՄԱՏԻՏ
ՈՒՍՈՒՑԻՉ
ՍՈՎՈՐԵԼ
ԳՐԵԼ

31 - Dance

Շ	Ց	Ժ	Բ	Բ	H	Ա	Գ	Հ	Կ	Ռ	Փ	Յ	Փ
Խ	Ն	Ե	A	Ի	Ֆ	Ր	Կ	Ա	Լ	Ի	Հ	Կ	Կ
Խ	Փ	Ո	Ր	Ձ	Ճ	Վ	Կ	Ա	Ի	Թ	Ժ	Ը	Ժ
Ֆ	Ո	Ը	Ր	Վ	Ւ	Ե	Ռ	Տ	Դ	Մ	Դ	Պ	Չ
Շ	Լ	Ր	H	Հ	Պ	Ս	Զ	Ը	H	Ե	Ք	A	Լ
Ա	Ո	Ո	Ե	Ձ	Ր	Տ	Ե	Մ	Ա	Ր	Մ	Ի	Ն
Ր	A	Փ	Կ	Ո	Դ	Ա	Ս	Ա	Կ	Ա	Ն	Ի	Տ
Ժ	Ծ	Ո	Լ	Հ	Գ	Փ	Տ	Ո	Ւ	Ր	Ա	Խ	Ա
Ո	Յ	Ք	Զ	Չ	Ւ	Ր	Ե	Ց	Ա	Տ	Կ	Ե	Լ
Ւ	Ծ	Չ	Ղ	Զ	Ա	Վ	Ա	Ն	Դ	Ա	Կ	Ա	Ն
Մ	Շ	Ա	Կ	Ո	Ւ	Յ	Թ	Ֆ	Յ	Վ	Ն	Ճ	Զ
Զ	Գ	Ա	Ց	Մ	Ո	Ւ	Ն	Ք	Ի	Ի	E	Ս	Ջ
Գ	Ո	Ր	Ծ	Ը	Ն	Կ	Ե	Ր	Է	Ա	Ղ	Ս	Ց
Մ	Շ	Ա	Կ	Ո	Ւ	Թ	Ա	Յ	Ի	Ն	Հ	Ի	Շ

ԱԿԱԴԵՄԻԱ
ԱՐՎԵՍՏ
ՄԱՐՄԻՆ
ԽՈՐԵՈԳՐԱՖԻԱ
ԴԱՍԱԿԱՆ
ՄՇԱԿՈՒԹԱՅԻՆ
ՄՇԱԿՈՒՅԹ
ԶԳԱՑՄՈՒՆՔ
ՇՆՈՐՀ
ՈՒՐԱԽ
ՑԱՏԿԵԼ
ՇԱՐԺՈՒՄ
ԳՈՐԾԸՆԿԵՐ
ՓՈՐՁ
ՌԻԹՄ
ԱՎԱՆԴԱԿԱՆ

32 - Climbing

Ռ	Ց	Փ	Շ	Հ	E	Տ	Բ	E	O	Ջ	H	Ի	K
Է	Դ	Փ	E	Մ	Ք	Ս	Ա	Ղ	Ա	Վ	Ա	Ր	Տ
Թ	Զ	Ն	Թ	Ե	Ք	Ա	Ր	Տ	Ե	Զ	Տ	Խ	Ձ
Ղ	Մ	Ա	Չ	Կ	Ա	Չ	Ձ	H	Ո	Ռ	Պ	Ր	Ե
Ա	Ջ	Ք	Ձ	Ռ	Տ	Վ	Ր	K	Ջ	Ա	Ւ	Չ	Ռ
H	Կ	Ա	Յ	Ո	Ւ	Ն	Ո	Ւ	Թ	Յ	Ո	Ւ	Ն
Մ	K	Ր	Ք	Ւ	Ա	Ա	Ւ	Փ	Կ	Ն	Ե	Ղ	Ա
Ս	Թ	Ա	Յ	Ժ	Ր	Ս	Թ	Ո	Ո	Գ	Չ	Դ	Ց
Ղ	Ռ	Ն	Ժ	K	Շ	Վ	Յ	Ր	Շ	Ղ	Ծ	Է	Ո
Վ	Ղ	Ձ	Ո	Ռ	Ա	Ա	Ո	Ձ	Ի	Ֆ	P	Ֆ	Ղ
Փ	Ձ	Ա	A	L	Վ	Ծ	Ւ	Ա	Կ	Ծ	Ժ	Ռ	Ն
Ո	Ֆ	Վ	Կ	Հ	Ո	Ք	Ն	Գ	Ն	Թ	Ս	K	Ե
Հ	Մ	P	A	Ո	Չ	Ր	Ը	Ե	Ե	Ի	Ձ	Ա	Ր
Ֆ	Շ	Ի	Մ	Ս	H	Ն	Տ	Տ	Ր	Ս	Ծ	Խ	Ն

ԲԱՐՁՐՈՒԹՅՈՒՆԸ
ՄԹՆՈԼՈՐՏ
ԿՈՇԻԿՆԵՐ
ՔԱՐԱՆՁԱՎ
ՓՈՐՁԱԳԵՏ
ՁԵՌՆԱՑՈՂՆԵՐ
ՍԱՂԱՎԱՐՏ
ԱՐՇԱՎ
ՎՆԱՍՎԱԾՔ
ՔԱՐՏԵԶ
ՆԵՂ
ԿԱՅՈՒՆՈՒԹՅՈՒՆ
ՈՒԺ

33 - Shapes

Ւ	Ո	Ը	Խ	Գ	Ի	Ծ	Ց	Կ	Ն	Յ	Թ	H	Ք
Զ	Ղ	Ճ	Օ	Է	Ջ	Ս	Օ	Թ	Ո	Լ	Ը	Ք	Ա
Կ	Խ	Ե	Ւ	Լ	Խ	E	Բ	H	Պ	Ն	Բ	Խ	Ռ
Գ	Ո	Զ	Ճ	Ի	Հ	Ի	Պ	Ե	Ր	Բ	Ո	Լ	Ա
Ն	Ձ	Ր	Ա	Պ	Հ	Ջ	Ո	Ղ	Ի	Կ	Ա	Փ	Կ
Ն	Օ	Ե	Ղ	Ս	Հ	Ձ	Ը	K	Զ	Ո	Ն	Ն	Ո
Թ	Վ	Ր	Ե	Բ	Ո	Ւ	Ր	Գ	Մ	Ղ	Կ	P	Ւ
Ո	Ա	Ս	Ղ	Է	Ո	Ը	Ը	Օ	Ա	Մ	Յ	Ւ	Ս
Վ	Լ	E	Ղ	Գ	Լ	Ը	Է	Ռ	Ձ	Ռ	Ո	Ե	Ի
Ի	Ճ	Ո	Ւ	Ղ	Ղ	Ա	Ն	Կ	Յ	Ո	Ւ	Ն	Ի
Ո	Շ	Ո	Ր	Է	K	E	Ո	Թ	Ր	Ւ	Ն	Չ	P
Կ	Գ	Մ	Թ	Տ	Պ	Ո	Լ	Ի	Գ	Ո	Ն	Ց	P
Խ	Ո	Ր	Ա	Ն	Ա	Ր	Դ	Ղ	Զ	Ո	Թ	Ս	Կ
Ց	Լ	Ի	Կ	Գ	Լ	Ա	Ն	Գ	H	Ի	Հ	Ք	Գ

ԱՂԵՂ
ՑԼԻԿ
ԿՈՆ
ԱՆԿՅՈՒՆ
ԽՈՐԱՆԱՐԴ
ԿՈՐ
ԳԼԱՆ
ԵԶՐԵՐ
ԷԼԻՊՍ
ՀԻՊԵՐԲՈԼԱ
ԳԻԾ
ՕՎԱԼ
ՊՈԼԻԳՈՆ
ՊՐԻԶՄԱ
ԲՈՒՐԳ
ՈՒՂՂԱՆԿՅՈՒՆԻ
ԿՈՂՄ
ՈԼՈՐՏ
ՔԱՌԱԿՈՒՍԻ

34 - Scientific Disciplines

Ա	Հ	Մ	Ձ	Ց	A	Մ	Է	Կ	Ձ	Հ	Ի	Ւ	Ս
Թ	Ն	Ռ	Ղ	Թ	Ֆ	Ի	Զ	Ի	Կ	Ա	Մ	Է	Ն
Ե	Ա	Ա	Կ	Ն	Ն	Ւ	Ճ	Ն	Ժ	Ն	Ո	Կ	Ո
Տ	Գ	Ժ	Տ	Ռ	E	Ֆ	Կ	Ե	K	Ք	Ւ	Ո	Ւ
Ն	Ի	K	Ա	Ո	Ց	Ի	Ե	Զ	Զ	Ա	Ն	Լ	Ց
Տ	Տ	Ժ	Հ	Բ	Մ	Զ	Ն	Ի	Ք	Յ	Ո	Ո	Ո
H	Ո	E	Ի	Ո	Ե	Ի	Ս	Ո	Լ	Ի	Լ	Գ	Ւ
Տ	Ւ	Թ	Դ	Տ	Խ	Ո	Ա	Լ	K	Ն	Ո	Ի	Մ
Զ	Թ	Բ	Վ	Ի	Ա	Լ	Ք	Ո	Ֆ	Փ	Գ	Ա	Ֆ
Ր	Յ	Թ	Է	Կ	Ն	Ո	Ի	Գ	Չ	O	Ի	H	Ք
Պ	Ո	Ր	Ի	Ա	Ի	Գ	Մ	Ի	K	Լ	Ա	Ո	Ծ
Ն	Ւ	Ո	Բ	Հ	Կ	Ի	Ի	Ա	Ք	Ի	Մ	Ի	Ա
Ի	Ն	Փ	Ա	Ե	Ա	Ա	Ա	P	Չ	Ֆ	H	Ր	A
Ս	Ո	Ց	Ի	Ո	Լ	Ո	Գ	Ի	Ա	Ք	Ն	Ֆ	Թ

ԱՆԱՏՈՄԻԱ
ՀՆԱԳԻՏՈՒԹՅՈՒՆ
ԿԵՆՍԱՔԻՄԻԱ
ՔԻՄԻԱ
ԷԿՈԼՈԳԻԱ
ԻՄՈՒՆՈԼՈԳԻԱ
ԿԻՆԵԶԻՈԼՈԳԻԱ
ՄԵԽԱՆԻԿԱ
ՀԱՆՔԱՅԻՆ
ՄՆՈՒՑՈՒՄ
ՖԻԶԻԿԱ
ՖԻԶԻՈԼՈԳԻԱ
ՌՈԲՈՏԻԿԱ
ՍՈՑԻՈԼՈԳԻԱ

35 - School #2

Բ	Գ	Ի	Տ	Ո	Ւ	Թ	Յ	Ո	Ւ	Ն	Վ	Գ	Կ
Մ	Ա	Կ	Ա	Դ	Ե	Մ	Ի	Ա	Կ	Ա	Ն	Ր	Ր
Ա	Խ	Ռ	Ո	Ւ	Ս	Ո	Ւ	Ց	Ի	Չ	Մ	Ա	Թ
Թ	Ա	Ե	Ա	Գ	Ր	Ը	Ո	Ր	Ղ	P	Ա	Դ	Ո
Ե	Ղ	Տ	Օ	Ր	Ա	Ց	Ո	Ւ	Յ	Ց	Տ	Ա	Ւ
Մ	Ե	Ի	Չ	Ք	Ա	Շ	Ց	Ա	Խ	P	Ի	Ր	Թ
Ա	Ր	Ն	Փ	Ե	Ճ	Ն	Մ	Ր	E	Ճ	Տ	Ա	Յ
Տ	O	Խ	Ֆ	Ր	Ց	Ը	Ց	A	Ճ	Ժ	P	Ն	Ո
Ի	Է	Հ	Ե	Պ	Տ	Է	Մ	Կ	Ր	Ա	Տ	Է	Ւ
Կ	Գ	Ր	Ա	Կ	Ա	Ն	Ո	Ւ	Թ	Յ	Ո	Ւ	Ն
Ա	Ա	Վ	Տ	Ո	Բ	Ո	Ւ	Ս	Ո	Թ	Չ	Խ	Փ
Հ	Մ	Շ	Բ	Պ	Պ	Ա	Յ	Ո	Ւ	Ս	Ա	Կ	Ջ
Ը	Ն	Կ	Ե	Ր	Ն	Ե	Ր	Խ	Ղ	L	A	Ձ	Կ
Պ	Ա	Ր	Ա	Գ	Ա	Ն	Ե	Ր	Թ	Խ	Դ	Կ	Ե

ԱԿԱԴԵՄԻԱԿԱՆ
ՊԱՅՈՒՍԱԿ
ԳՐՔԵՐ
ԱՎՏՈԲՈՒՍ
ՕՐԱՑՈՒՅՑ
ԲԱՌԱՐԱՆ
ԿՐԹՈՒԹՅՈՒՆ
ՌԵՏԻՆ
ԸՆԿԵՐՆԵՐ
ԽԱՂԵՐ

ԳՐԱԴԱՐԱՆ
ԳՐԱԿԱՆՈՒԹՅՈՒՆ
ՄԱԹԵՄԱՏԻԿԱ
ԹՈՒՂԹ
ՄԱՏԻՏ
ԳԻՏՈՒԹՅՈՒՆ
ՄԿՐԱՏ
ՊԱՐԱԳԱՆԵՐ
ՈՒՍՈՒՑԻՉ

36 - Science

Լ	Ա	Բ	Ո	Ր	Ա	Տ	Ո	Ր	Ի	Ա	Դ	Բ	Հ
Բ	Տ	Ն	Հ	Կ	Ս	Զ	Կ	Պ	Վ	Տ	Ի	Ո	Ի
Օ	Վ	Ո	Ռ	Ա	Չ	Ծ	Լ	Տ	Ճ	Ռ	Տ	Ւ	Փ
Ր	Յ	Ւ	Փ	Մ	Ն	Ֆ	Ի	Զ	Ի	Կ	Ա	Յ	Ո
Գ	Ա	Թ	Վ	Ո	Ճ	Ք	Մ	Ղ	Ք	Բ	Ր	Ս	Թ
Ա	Լ	Յ	Ձ	Ս	Ր	Ձ	Ա	Շ	Ի	Ր	Կ	Ե	Ե
Ն	Ն	Ո	Ա	Զ	Ի	Ձ	Ճ	Յ	Մ	Փ	Ո	Ր	Ք
Ի	Ե	Ւ	Տ	Պ	Ա	Ձ	A	Ռ	Ի	Ֆ	Ւ	Խ	Ա
Զ	Ր	Ն	Ո	Հ	Վ	A	E	Ղ	Ա	Ն	Մ	Ժ	Յ
Մ	Բ	Ք	Մ	Մ	Ա	Ս	Ն	Ի	Կ	Ն	Ե	Ր	Ի
Փ	Ա	Ս	Տ	Ռ	Յ	Ն	Հ	Է	Ա	A	Լ	Ծ	Ն
A	Յ	Գ	Խ	Ի	K	Պ	Ա	Ձ	Ն	Ա	Ք	Պ	Ժ
Գ	Ի	Տ	Ն	Ա	Կ	Ա	Ն	Ծ	Մ	Ե	Թ	Ո	Դ
Է	Վ	Ո	Լ	Ո	Ւ	Ց	Ի	Ա	Ո	Ս	P	Ղ	Ե

ԱՏՈՄ
ՔԻՄԻԱԿԱՆ
ԿԼԻՄԱ
ՏՎՅԱԼՆԵՐ
ԷՎՈԼՈՒՑԻԱ
ՓՈՐՁ
ՓԱՍՏ
ՀԱՆԱԾՈ
ՀԻՓՈԹԵՔԱՅԻՆ
ԼԱԲՈՐԱՏՈՐԻԱ
ՄԵԹՈԴ
ՀԱՆՔԱՅԻՆ
ԲՆՈՒԹՅՈՒՆ
ԴԻՏԱՐԿՈՒՄ
ՕՐԳԱՆԻԶՄ
ՄԱՍՆԻԿՆԵՐ
ՖԻԶԻԿԱ
ԲՈՒՅՍԵՐ
ԳԻՏՆԱԿԱՆ

37 - Summer

Ծ	Փ	Տ	Ֆ	Ա	Ր	Ձ	Ա	Կ	Ո	Ւ	Ր	Դ	Ճ
Ժ	H	Ժ	Ֆ	Ե	Ճ	Փ	Ս	Ժ	Տ	Ո	Ւ	Ն	Ա
Խ	Ճ	Ո	H	Ր	K	Ղ	Տ	Խ	Գ	Ւ	Ռ	Ը	Ն
Ը	Լ	Բ	Է	Ա	Լ	Ո	Ղ	Ա	Փ	Ր	P	Ն	Ա
Ա	Յ	Գ	Ի	Ժ	Ր	Բ	Ե	H	Ձ	Ա	Ք	Կ	Պ
Ս	Ռ	Ն	Ս	Շ	Ն	Շ	Ր	Բ	E	Խ	Ե	Ե	Ա
Ն	Հ	Խ	Ա	Տ	Ֆ	Խ	Ա	Յ	Ծ	Ո	Վ	Ր	Ր
Ո	Ղ	Ձ	Ն	Ո	A	P	Ր	Վ	Ղ	Ւ	Ո	Ն	Հ
Ւ	Ք	Ւ	Դ	Ւ	Ս	Ւ	Ա	Պ	Գ	Թ	Տ	Ե	Ո
Ն	Ն	Է	Ա	Թ	Տ	Ծ	Պ	Ո	K	Յ	Ղ	Ր	Ր
Դ	Ն	Ճ	Լ	Յ	Լ	Ո	Ղ	Ա	Լ	Ո	Ղ	Յ	Դ
Օ	Մ	Վ	Ն	Ո	Խ	Ա	Ղ	Ե	Ր	Ւ	Լ	Յ	Ե
Տ	Մ	E	Ե	Ւ	Շ	Ը	Ն	Տ	Ա	Ն	Ի	Ք	Լ
Չ	Չ	Ք	Ր	Ն	Թ	Ո	Ւ	Լ	Ա	Ց	Ո	Ւ	Մ

ԼՈՂԱՓ
ԳՐՔԵՐ
ԱՐՇԱՎ
ԸՆՏԱՆԻՔ
ՍՆՈՒՆԴ
ԸՆԿԵՐՆԵՐ
ԽԱՂԵՐ
ԱՅԳԻ
ՏՈՒՆ
ՈՒՐԱԽՈՒԹՅՈՒՆ
ԵՐԱԺՇՏՈՒԹՅՈՒՆ
ԹՈՒԼԱՑՈՒՄ
ՍԱՆԴԱԼՆԵՐ
ԾՈՎ
ԱՍՏՂԵՐ
ԼՈՂԱԼ
ՃԱՆԱՊԱՐՀՈՐԴԵԼ
ԱՐՁԱԿՈՒՐԴ

38 - Clothes

Ջ	Ս	Ձ	E	Բ	Ա	Ճ	Կ	Ո	Ն	Ը	Վ	P	Չ
Զ	Ա	Ր	Դ	Ե	Ր	Ի	Ց	Ա	Ա	Ճ	Ե	Կ	Ք
Ռ	Ն	Պ	Ը	Վ	Պ	Ի	Ժ	Ա	Մ	Ա	Ր	Ո	Զ
Օ	Դ	Շ	Ա	Ե	Ս	Վ	Ի	Տ	Ե	Ր	Ա	Շ	Չ
Ը	Ա	Ր	Յ	Ր	Գ	Ո	Գ	Ն	Ո	Ց	Ր	Ի	Ջ
A	Լ	Ո	H	Ն	Ա	Ջ	Գ	Ե	Ր	Ե	Կ	Կ	Ց
Ճ	Ն	Բ	Գ	Ա	Ջ	Ն	Ի	Ո	Գ	Բ	Ո	Ձ	A
Փ	Ե	Շ	Լ	Շ	Բ	Ո	Ջ	Ն	Տ	Օ	Ւ	Շ	Մ
Զ	Ր	Ա	Խ	Ա	H	Խ	E	Ա	Ս	Ի	E	Ձ	Ա
Յ	Յ	Ր	Ա	Պ	Վ	Ք	Դ	Խ	Ն	Ց	Չ	Գ	Լ
H	Դ	Ֆ	Ր	Ի	Զ	Գ	Ե	Ս	Տ	Ա	Բ	Ա	Տ
Ջ	Լ	Թ	Կ	Կ	Ն	Գ	Ճ	Ը	Ժ	Ք	Գ	Ր	Ժ
Ե	Ա	Ֆ	Կ	Ֆ	Ո	Չ	Օ	Պ	Ր	H	Ռ	Ժ	Ջ
Բ	Լ	Ո	Ւ	Զ	Ց	Խ	E	Ն	Ի	Ի	Ւ	Ձ	Ս

ԳՈԳՆՈՑ
ԳՈՏԻ
ԲԼՈՒԶ
ԱՊԱՐԱՆՋԱՆ
ՎԵՐԱՐԿՈՒ
ԶԳԵՍՏ
ԳԼԽԱՐԿ
ԲԱՃԿՈՆ
ՋԻՆՍ
ԶԱՐԴԵՐ
ՎԶՆՈՑ
ՊԻԺԱՄԱ
ՏԱԲԱՏ
ՍԱՆԴԱԼՆԵՐ
ՇԱՐՖ
ՎԵՐՆԱՇԱՊԻԿ
ԿՈՇԻԿ
ՓԵՇ
ՍՎԻՏԵՐ

39 - Insects

Զ	Շ	Լ	Լ	Մ	Ո	Ր	Ե	Խ	Ց	Ա	Ճ	Ձ	Ծ
Մ	Փ	Ց	Շ	Ե	Ժ	Ձ	Ծ	Մ	Ի	Ճ	Ի	Յ	Տ
Ն	Ա	Ր	Ո	K	Դ	Ե	Ռ	Ր	Կ	Պ	Ճ	Ո	Զ
Ջ	Զ	Ն	Ւ	K	Ժ	Ի	Ղ	Ձ	Ա	Ո	Ո	Է	E
Ն	Ձ	Ղ	Տ	Թ	Ս	E	Բ	Յ	Դ	Ւ	Ւ	Ճ	Բ
Գ	K	Յ	Ի	Ի	Է	Ց	Ո	Ո	Ա	Ռ	A	Տ	Տ
Բ	Փ	Ո	Ճ	Թ	Ս	Գ	Ւ	Ւ	Ւ	Ջ	Թ	Ֆ	Ե
Բ	Զ	Ե	Զ	Ե	Տ	Ղ	Լ	Ն	Ի	Գ	Ղ	Ֆ	Ր
Թ	Պ	Ն	Հ	Ր	Փ	Տ	Զ	Շ	Ց	Կ	Ս	Վ	Մ
Վ	Թ	Տ	Թ	Ղ	H	Ց	Ե	Ց	Վ	Ա	Ձ	Ճ	Ի
Ծ	Ռ	Ռ	K	Ս	Ջ	Շ	Ֆ	Կ	Թ	K	Շ	Պ	Տ
Շ	Փ	Լ	Ի	Հ	A	Ց	Զ	Ս	Ղ	Զ	Զ	Վ	Լ
Է	Լ	K	Դ	Ր	Վ	H	Լ	Հ	Պ	Ք	P	Գ	Թ
Մ	Ե	Ղ	Ո	Ւ	Թ	Ր	Թ	Ո	Ւ	Ր	E	H	E

ՄՐՋՅՈՒՆ
ՏԼ
ՄԵՂՈՒ
ԲԶԵԶ
ԹԻԹԵՐ
ՑԻԿԱԴԱ
ՈՒՏԻՃ
ՃՊՈՒՌ
ԲՈՒԼ
ՄՈՐԵԽ
ԼԵԴԻԲՈՒԳ
ԹՐԹՈՒՐ
ՄԱՆՏԻՍ
ՄԺԵՂ
ՑԵՑ
ՏԵՐՄԻՏ
ՃԻՃՈՒ

40 - Astronomy

Հ	Մ	Ո	Լ	Ո	Ր	Ա	Կ	Թ	Խ	Ա	Է	E	Կ
Ե	Ր	Կ	Ի	Ն	Ք	Շ	Ւ	Ֆ	Ա	Ս	Ք	Շ	Ա
Ս	Լ	Թ	Տ	Տ	Չ	Բ	Կ	Գ	Վ	Տ	Վ	Լ	Ր
Ո	Ձ	Պ	Ի	Է	Չ	Փ	Լ	Ա	Ա	Ե	Ի	Ռ	Բ
Ւ	Լ	E	Ե	Ռ	Լ	Ձ	Լ	Ո	Ր	Ր	Ն	Փ	Ա
Պ	Ա	O	Ձ	Մ	Ժ	Մ	Վ	Հ	Ո	Ո	Ո	Վ	Ն
Ե	Ս	Մ	Ե	Տ	Ե	Ո	Ր	P	Ւ	Ի	Ք	Ֆ	Յ
Ր	Տ	Ե	Ր	Կ	Ի	Ր	Ջ	Է	Մ	Դ	Ս	K	Ա
Ն	Ղ	Ճ	Ա	Ռ	Ա	Գ	Ա	Յ	Թ	Ո	Ւ	Մ	Կ
Ո	Ա	Խ	Գ	Ճ	Վ	Ջ	Ն	Ե	Բ	Ո	Ւ	Լ	Ա
Վ	Գ	Շ	Ե	Գ	Ա	Լ	Ա	Ք	Ս	Ի	Ա	A	Յ
Ա	Ե	Ն	Տ	Հ	Ե	Ռ	Ա	Դ	Ի	Տ	Ա	Կ	Ի
Չ	Տ	Ե	Ղ	Թ	Գ	Ց	Է	Լ	Ո	Ւ	Ս	Ի	Ն
Ա	Ր	Ե	Ւ	Ա	Յ	Ի	Ն	Ջ	Ջ	Մ	Բ	Ի	Թ

ԱՍՏԵՐՈԻԴ
ՏԻԵԶԵՐԱԳԵՏ
ԱՍՏՂԱԳԵՏ
ԵՐԿԻՐ
ԽԱՎԱՐՈՒՄ
ԷՔՎԻՆՈՔՍ
ԳԱԼԱՔՍԻԱ
ՄԵՏԵՈՐ
ԼՈՒՍԻՆ

ՆԵԲՈՒԼԱ
ՄՈԼՈՐԱԿ
ՃԱՌԱԳԱՅԹՈՒՄ
ՀՐԹԻՌ
ԱՐԲԱՆՅԱԿԱՅԻՆ
ԵՐԿԻՆՔ
ԱՐԵՒԱՅԻՆ
ՍՈՒՊԵՐՆՈՎԱ
ՀԵՌԱԴԻՏԱԿ

41 - Pirates

Ֆ	Մ	Մ	Թ	Փ	Յ	Ե	Ռ	Մ	Փ	Պ	Լ	Թ	P
Ձ	Լ	Ե	Գ	Ե	Ն	Դ	Ր	Ո	Շ	Ո	Ո	H	Ձ
Ք	Ե	Տ	Ի	Ջ	Ն	Մ	Յ	Ց	Ւ	Տ	Ղ	O	P
A	Լ	Ա	Կ	Ա	Պ	Ի	Տ	Ա	Ն	Մ	Ա	A	Դ
Կ	Ո	Ղ	Մ	Ն	Ա	Ց	Ո	Ւ	Յ	Ց	Փ	Ձ	Ր
Ք	Ւ	Ա	Ո	Ս	Կ	Ի	Զ	Խ	Վ	Ի	Ս	Ո	A
Ա	Չ	Դ	Պ	Ո	H	Ձ	Ծ	Փ	Ա	Շ	Ի	Պ	A
Ր	Շ	Ր	Զ	Ւ	Կ	Մ	Չ	Լ	Տ	Ր	O	Ա	Ի
Տ	Լ	Ա	Ա	Ր	Կ	Ա	Ծ	Ը	Ք	Թ	Ի	Զ	Գ
Ե	Ա	Մ	Շ	Զ	Ղ	P	O	Ֆ	A	Ո	Հ	Ս	Վ
Զ	Ճ	Ն	Պ	Ֆ	Զ	Լ	K	O	Բ	Ւ	Ա	Ի	Խ
Տ	Ծ	Ե	H	Ֆ	Ի	Ե	Շ	Ճ	P	Թ	K	Յ	Փ
Ա	Ջ	Ր	Վ	Տ	Ա	Ն	Գ	Ս	Ե	Ա	Չ	Յ	Ռ
Ք	Ա	Ր	Ա	Ն	Ձ	Ա	Վ	Բ	Ն	Կ	Գ	Ը	Պ

ԱՐԿԱԾ
ԽԱՐԻՍԽ
ՎԱՏ
ԼՈՂԱՓ
ԿԱՊԻՏԱՆ
ՔԱՐԱՆՁԱՎ
ՄԵՏԱՂԱԴՐԱՄՆԵՐ
ԿՈՂՄՆԱՑՈՒՅՑ
ՎՏԱՆԳ

ԴՐՈՇ
ՈՍԿԻ
ԿՂԶԻ
ԼԵԳԵՆԴ
ՔԱՐՏԵԶ
ԹՈՒԹԱԿ
ՌՈՒՄ
ՍՊԻ
ՍՈՒՐ

42 - Time

Ժ	Յ	Զ	Բ	Ը	Շ	Ո	Ւ	Տ	Ո	Վ	Ս	Ռ	Պ
Ա	Յ	Ս	Օ	Ր	Ա	K	Պ	Ա	Ռ	Վ	Ա	Ղ	Ր
Մ	Ծ	Դ	Չ	Ջ	Բ	K	A	Ր	Ի	Ւ	Թ	Գ	Ո
Ն	Գ	Ջ	Ա	Օ	Ա	Ն	Ճ	Ի	Ձ	Ց	E	Ծ	Պ
Հ	Ծ	Տ	Օ	Ր	Թ	Խ	K	Ճ	Գ	Ս	Ց	Ջ	Ե
K	Ժ	Ա	Մ	Ա	Ց	Ո	Ւ	Յ	Ց	Ի	Հ	Տ	Ո
Ը	Ց	Ս	P	Ց	Ց	Ֆ	Ւ	Ն	Վ	E	Շ	Բ	Ղ
Ա	Ճ	Ն	Դ	Ո	A	Վ	Φ	Պ	Ա	Ի	Ր	Ե	Ռ
Ռ	Ֆ	Ա	Ֆ	Ւ	Ի	Ը	Ի	Շ	Ա	Խ	Թ	P	Ր
Ա	Հ	Մ	Ա	Յ	Թ	Զ	Ջ	Է	Պ	P	Ք	Չ	Հ
Վ	Ձ	Յ	Խ	Ց	K	Ռ	Տ	E	Ա	Հ	Տ	Ա	Օ
Ո	Խ	Ա	K	E	Հ	Ը	Ա	Տ	Գ	Ի	Ժ	Ց	Ն
Տ	Բ	Կ	Ե	Ս	Օ	Ր	Մ	Թ	Ա	Մ	Ի	Ս	Ն
Տ	Ա	Ր	Ե	Կ	Ա	Ն	Ճ	Տ	L	Ա	Ն	K	Ջ

ՏԱՐԵԿԱՆ
ՆԱԽՔԱՆ
ՕՐԱՑՈՒՅՑ
ԴԱՐ
ԺԱՄԱՑՈՒՅՑ
ՕՐ
ՏԱՍՆԱՄՅԱԿ
ՎԱՂ
ԱՊԱԳԱ
ԺԱՄ
ՐՈՊԵ
ԱՄԻՍ
ԱՌԱՎՈՏ
ԳԻՇԵՐ
ԿԵՍՕՐ
ՀԻՄԱ
ՇՈՒՏՈՎ
ԱՅՍՕՐ
ՇԱԲԱԹ
ՏԱՐԻ

43 - Buildings

Կ	Ա	Դ	Տ	Ն	Ա	Կ	Ո	Ւ	Մ	Է	Հ	Հ	Ա
Ի	Ծ	Մ	Պ	Յ	Ռ	Օ	Ֆ	Ն	Դ	Լ	Յ	Ա	Ս
Ն	Փ	Ջ	Ր	Ր	Ջ	Հ	Ս	Տ	Ե	Ա	Ո	Ն	Տ
Ո	Հ	Վ	H	Ո	Ո	Չ	Ա	Ք	Ս	Բ	Ւ	Ր	Ղ
Թ	Թ	Ի	H	Գ	Ց	Ց	Օ	Ր	Պ	Ո	Ր	Ա	Ա
Ա	Ա	Լ	Վ	Բ	Վ	Ա	Շ	Տ	Ա	Ր	Ա	Կ	Դ
Ն	Տ	Ձ	Ր	Ա	Վ	Ր	Ա	Ն	Ն	Ա	Ն	Ա	Ի
Գ	Ր	Կ	Պ	Ջ	Ն	Տ	Դ	Յ	Ո	Տ	Ո	Ց	Տ
Ա	Ո	Ւ	Շ	A	Յ	Դ	Ի	Չ	Ւ	Ո	Ց	Ա	Ա
Ր	Ն	Ո	A	H	Վ	H	Ա	Ո	Թ	Ր	Օ	Ր	Ր
Ա	Բ	Ն	Ա	Կ	Ա	Ր	Ա	Ն	Յ	Ի	Լ	Ա	Ա
Ն	Գ	Ո	Ր	Ծ	Ա	Ր	Ա	Ն	Ո	Ա	Ւ	Ն	Ն
Գ	Ա	Մ	Բ	Շ	Ծ	P	Ք	Փ	Ւ	Ց	Ն	Ֆ	Ը
Մ	Ա	Ր	Զ	Ա	Դ	Ա	Շ	Տ	Ն	Ղ	Ձ	Տ	Ց

ԲՆԱԿԱՐԱՆ
ԳԱՄ
ՏՆԱԿՈՒՄ
ԱՄՐՈՑ
ԿԻՆՈ
ԴԵՍՊԱՆՈՒԹՅՈՒՆ
ԳՈՐԾԱՐԱՆ
ՀԻՎԱՆԴԱՆՈՑ
ՀԱՆՐԱԿԱՑԱՐԱՆ
ՀՅՈՒՐԱՆՈՑ
ԼԱԲՈՐԱՏՈՐԻԱ
ԹԱՆԳԱՐԱՆ
ԱՍՏՂԱԴԻՏԱՐԱՆ
ԴՊՐՈՑ
ՄԱՐԶԱԴԱՇՏ
ՎՐԱՆ
ԹԱՏՐՈՆ
ԱՇՏԱՐԱԿ

44 - Herbalism

Ի	Ա	Փ	Ֆ	Լ	Խ	Ւ	Ձ	Մ	Ճ	Բ	Փ	Պ	E
Ը	Վ	Գ	Ա	Ն	Ո	Ւ	Շ	Ա	Բ	Ո	Ւ	Յ	Ր
Ս	Ա	Մ	Ի	Թ	Կ	Կ	Ց	Ր	Ֆ	Կ	Շ	Ն	Դ
Հ	Խ	Ն	Ռ	Ե	Հ	Ա	Ն	Ջ	E	Ր	Զ	Խ	Ջ
Ա	Բ	Տ	Ա	Ո	Ւ	Ն	Ռ	Ո	Ձ	Մ	Ա	Ր	Ի
Մ	Ւ	Վ	Ո	Ր	Ւ	Ա	Ե	Ր	Մ	Բ	Ն	Ն	Թ
Ը	Գ	Լ	Ե	Ր	Դ	Չ	Ո	Ա	Ա	Ա	Ա	Բ	Ա
Ղ	Ո	Վ	Ց	E	Չ	Ո	K	Մ	Ղ	Ղ	Ն	A	Ր
Օ	Ր	Ե	Գ	Ա	Ն	Ո	Ս	Ղ	Ա	Ա	Ո	Ղ	Գ
Ր	Ծ	Ա	Ղ	Ի	Կ	Ֆ	P	E	Դ	Դ	Ւ	Վ	Ո
Շ	Ա	Հ	Ա	Վ	Ե	Տ	Չ	E	Ա	Ր	Խ	Տ	Ւ
Վ	Ր	Դ	Ի	Ձ	Տ	H	Օ	Ջ	Ն	Ի	E	Ղ	Ն
Պ	Ա	Ձ	Վ	Պ	Ս	Շ	Ի	Ջ	Ո	Չ	Ս	Ճ	Վ
Լ	Ն	Ա	Յ	Գ	Ի	Ց	Ծ	H	Ս	P	Ձ	H	Ր

ԱՆՈՒՇԱԲՈՒՅՐ
ՌԵՀԱՆ
ՇԱՀԱՎԵՏ
ՍԱՄԻԹ
ՀԱՄԸ
ԾԱՂԻԿ
ԱՅԳԻ
ՍԽՏՈՐ
ԿԱՆԱՉ
ԲԱՂԱԴՐԻՉ
ՆԱՐԴՈՍ
ՄԱՐՋՈՐԱՄ
ԱՆԱՆՈՒԽ
ՕՐԵԳԱՆՈ
ՄԱՂԱԴԱՆՈՍ
ԳՈՐԾԱՐԱՆ
ՌՈՁՄԱՐԻ
ՁԱՖՐԱՆ
ԹԱՐԳՈՒՆ

45 - Toys

Վ	Դ	Մ	Ք	Ի	Ն	Ք	Ն	Ա	Թ	Ի	Ռ	Ձ	Ջ
Վ	Ջ	Դ	Ղ	Գ	Բ	Ե	Ռ	Ն	Ա	Տ	Ա	Ր	Ծ
Ռ	Շ	Է	Ւ	Զ	Թ	Ֆ	Ր	Ղ	Ը	E	Ւ	Ց	Ք
Հ	Ա	Ն	Ե	Լ	Ո	Ւ	Կ	Կ	Ց	Փ	Շ	Կ	Զ
Ե	Խ	Վ	Շ	Գ	Ձ	Մ	Ա	Ջ	Ե	Ժ	K	Թ	Ն
Ծ	Մ	E	Ա	Ն	Ր	Ս	Վ	Ռ	Գ	Ր	Խ	Օ	Գ
Ա	Ա	Պ	Ն	Ա	Ո	Ք	Լ	Մ	Ե	Ք	Ե	Ն	Ա
Ն	Տ	Ս	Ի	Ց	Ւ	Դ	Ե	Ռ	Ո	Բ	Ո	Տ	Է
Ի	Ի	Խ	Ի	Ք	Ը	Ե	A	Ր	Ն	Ա	Վ	Ա	Կ
Վ	Կ	Ա	Ց	Ր	E	Փ	Դ	P	Հ	Լ	Մ	Շ	Վ
Ձ	Ն	Ղ	K	P	Ա	Ր	Հ	Ե	Ս	Տ	Ն	Ե	Ր
Յ	Ի	Ե	Կ	Ր	Ֆ	Ծ	Կ	Ն	Վ	Ծ	Թ	Է	Ք
Զ	Կ	Ր	Ն	Շ	K	A	Ե	Յ	Ը	Վ	Ց	E	Ը
Ն	Ւ	Ց	Տ	Հ	Ռ	Ա	Չ	Շ	Ը	Ե	Ժ	Վ	Կ

ԻՆՔՆԱԹԻՌ
ԲԱԼ
ՀԵԾԱՆԻՎ
ՆԱՎԱԿ
ԳՐՔԵՐ
ՄԵՔԵՆԱ
ՇԱԽՄԱՏ
ԿԱՎ
ԱՐՀԵՍՏՆԵՐ
ՏԻԿՆԻԿ
ՍԻՐԱԾ
ԽԱՂԵՐ
ՆԵՐԿԵՐ
ՀԱՆԵԼՈՒԿ
ՌՈԲՈՏ
ԳՆԱՑՔ
ԲԵՌՆԱՏԱՐ

46 - Vehicles

Տ	Թ	K	Շ	Ո	Ւ	Ղ	Ղ	Ա	Թ	Ի	Ռ	Ս	Բ
Ա	K	Պ	Ճ	Պ	Կ	Գ	Ն	Ր	Ճ	Զ	Դ	Կ	Ե
Ք	Տ	Զ	Ձ	H	Ր	A	Գ	A	K	Վ	Ն	Ո	Ռ
Ս	Է	Ք	Ա	Ր	Ա	Վ	Ա	Ն	Շ	Ֆ	Լ	Ւ	Ն
Ի	Տ	Ր	Ա	Կ	Տ	Ո	Ր	O	Ա	Զ	H	Տ	Ա
Տ	Ի	Ն	Ք	Ն	Ա	Թ	Ի	Ռ	Ր	Ց	Ժ	Ե	Տ
Մ	Ր	Ն	Լ	Զ	Ձ	E	Գ	Ա	Ժ	Ղ	Ք	Ր	Ա
Հ	Ե	Ծ	Ա	Ն	Ի	Վ	Չ	Ֆ	Ի	A	Խ	Ց	Ր
Ր	Ս	Ք	Ժ	Վ	Ի	Ս	Ծ	Պ	Չ	Մ	Ծ	Ձ	Ն
Թ	Թ	Ռ	Ե	Խ	Ա	Մ	Ե	Տ	Ր	Ո	Վ	Ա	Ն
Ի	Կ	Ճ	Ւ	Ն	Ն	Կ	Բ	Ծ	Դ	Տ	Ը	Ր	Ֆ
Ռ	Ա	Ր	Գ	Զ	Ա	Վ	Տ	Ո	Բ	Ո	Ւ	Ս	Տ
Լ	Ա	Ս	Տ	Ա	Ն	Ա	Վ	Ֆ	Չ	Ր	Ձ	Խ	Յ
Գ	Տ	Ս	Ո	Ւ	Զ	Ա	Ն	Ա	Վ	Ճ	Մ	Պ	Հ

ԻՆՔՆԱԹԻՌ
ՀԵԾԱՆԻՎ
ՆԱՎԱԿ
ԱՎՏՈԲՈՒՍ
ՄԵՔԵՆԱ
ՔԱՐԱՎԱՆ
ՇԱՐԺԻՉ
ԼԱՍՏԱՆԱՎ
ՈՒՂՂԱԹԻՌ
ՄՈՏՈՐ
ՀՐԹԻՌ
ՍԿՈՒՏԵՐ
ՍՈՒԶԱՆԱՎ
ՄԵՏՐՈ
ՏԱՔՍԻ
ՏԻՐԵՍ
ՏՐԱԿՏՈՐ
ԳՆԱՑՔ
ԲԵՌՆԱՏԱՐ
ՎԱՆ

47 - Flowers

Պ	Հ	Ա	Փ	Թ	Չ	Ժ	Ո	Օ	Է	Ռ	Ղ	Ի	Փ
Հ	Ի	Բ	Ի	Ս	Կ	Ո	Ւ	Ս	Ր	Ս	P	Ը	Ո
Հ	Դ	Կ	Ա	Կ	Ա	Չ	Ծ	Թ	Ճ	Խ	Ձ	Յ	Ւ
Գ	Ա	Ր	Դ	Ե	Ն	Յ	Ա	Ր	Խ	Ռ	Ի	Ե	Ն
Կ	Ն	Ր	Պ	Ի	Ո	Ն	Չ	Չ	Է	Ջ	Ե	Դ	Ջ
Ա	Դ	Թ	Ե	Ր	Թ	Ջ	A	Մ	Ն	Կ	Ր	Ե	Մ
Լ	Ե	K	Զ	Ւ	Ռ	Վ	Ի	Շ	Ս	Վ	Ե	Ձ	Ա
Ե	Լ	Ն	Ք	Ը	Ա	Ը	Ս	Ժ	Է	Զ	Ք	Ի	Գ
Ն	Ի	Ժ	Ա	Ն	Ո	Ծ	Վ	Ա	Ր	Դ	Ն	Զ	Ն
Դ	Ո	Ա	Ս	Ր	Փ	Ղ	Ա	Ռ	Դ	Գ	Ո	Ո	Ո
Ո	Ն	Շ	Չ	K	Դ	Չ	Գ	Ղ	Շ	Ց	Ւ	Ք	Լ
Ւ	A	Հ	A	Վ	Ը	Ո	Ջ	Է	Ի	Ժ	Կ	Յ	Ի
Լ	Ճ	Յ	Է	Գ	Հ	Ա	Ս	Մ	Ի	Կ	Ի	Ի	Ա
Ա	Ց	Փ	Փ	A	K	Գ	H	Գ	Բ	Ի	Յ	Ե	Ց

ՓՈՒՆՋ
ԿԱԼԵՆԴՈՒԼԱ
ԵՐԵՔՆՈՒԿ
ԴԵՁԻ
ԴԱՆԴԵԼԻՈՆ
ԳԱՐԴԵՆՅԱ
ՀԻԲԻՍԿՈՒՍ
ՀԱՍՄԻԿ
ՆԱՐԴՈՍ
ՄԱԳՆՈԼԻԱ
ՕՐԽԻԴ
ՊԻՈՆ
ԹԵՐ
ՎԱՐԴ
ԱՐԵՒԱԾԱՂԻԿ
ԿԱԿԱՉ

48 - Town

Դ	Ո	A	Մ	Թ	Ա	Տ	Ր	Ո	Ն	Ս	Ո	K	Հ
Թ	Պ	Տ	Հ	Ա	Մ	Ա	Լ	Ս	Ա	Ր	Ա	Ն	Յ
Ա	Ռ	Ր	Գ	Շ	Ր	Ը	Վ	Ո	Գ	Ճ	Լ	Յ	Ո
Ն	Ջ	Կ	Ո	Վ	Ի	Զ	Օ	Ք	Ր	Ա	Օ	Է	Ւ
Գ	Պ	Լ	Ւ	Ց	Գ	Ր	Ա	Դ	Ա	Ր	Ա	Ն	Ր
Ա	Ր	Ի	Յ	K	Է	Ր	Ա	Դ	Խ	Ա	Կ	Ը	Ա
Ր	Ո	Ն	Ն	Ի	Ս	Հ	Օ	Բ	Ա	Ն	Կ	Խ	Ն
Ա	Փ	Ի	Ն	Ը	Է	Ա	Ղ	Ե	Ն	Շ	Ճ	Ա	Ո
Ն	Փ	Կ	Ի	Ն	Ո	Ց	K	Դ	Ո	Ո	Տ	Ն	Ց
Խ	Ը	Ա	Ռ	P	Է	Ի	Ղ	Ֆ	Ւ	Ւ	Ջ	Ո	Տ
Դ	Ե	Ղ	Ա	Տ	Ո	Ւ	Ն	Ղ	Թ	Կ	Թ	Ւ	Ջ
Օ	Դ	Ա	Ն	Ա	Վ	Ա	Կ	Ա	Յ	Ա	Ն	Թ	Վ
Պ	Ա	Տ	Կ	Ե	Ր	Ա	Ս	Ր	Ա	Հ	Ֆ	Ն	Ե
Ս	Ո	Ւ	Պ	Ե	Ր	Մ	Ա	Ր	Կ	Ե	Տ	P	Բ

ՕԴԱՆԱՎԱԿԱՅԱՆ
ՀԱՑԻ
ԲԱՆԿ
ԳՐԱԽԱՆՈՒԹ
ՍՐՃԱՐԱՆ
ԿԻՆՈ
ԿԼԻՆԻԿԱ
ԳՈՒՅՆ
ՊԱՏԿԵՐԱՍՐԱՀ
ՀՅՈՒՐԱՆՈՑ
ԳՐԱԴԱՐԱՆ
ՇՈՒԿԱ
ԹԱՆԳԱՐԱՆ
ԴԵՂԱՏՈՒՆ
ԴՊՐՈՑ
ՄԱՐԶԱԴԱՇՏ
ԽԱՆՈՒԹ
ՍՈՒՊԵՐՄԱՐԿԵՏ
ԹԱՏՐՈՆ
ՀԱՄԱԼՍԱՐԱՆ

49 - Antarctica

Բ	Օ	Է	Թ	Ե	Ր	Ա	Կ	Ղ	Զ	Ի	Ա	Բ	Տ
Յ	Ա	Ս	Ա	Ռ	Ո	Ւ	Յ	Ց	Ռ	Օ	Զ	Ա	Ե
Ժ	Բ	Յ	Տ	Վ	Չ	Չ	Պ	Ջ	Ո	Ւ	Ր	Շ	Ղ
Ա	Մ	Պ	Ե	Ր	Ր	Ո	Գ	Հ	Ֆ	Ց	Է	Խ	Ա
Յ	Ր	Օ	Ժ	Կ	Մ	Զ	Ւ	Ա	Ե	L	K	Ա	Գ
Ռ	Վ	Շ	Խ	Կ	Ղ	Զ	Ի	Ն	Ե	Ր	Հ	Ր	Ր
Ո	Ջ	E	Ա	A	Պ	Զ	Չ	Ք	Ն	Շ	Շ	Հ	Ո
Տ	Ֆ	Պ	Դ	Վ	L	E	Գ	Ա	Ջ	Ե	Շ	Ա	Ւ
Է	Ձ	Հ	Ժ	Ւ	Ա	Ձ	Է	Յ	Ֆ	Վ	Ր	Մ	Թ
Շ	L	Գ	Ր	Ե	Կ	Խ	Ձ	Ի	Հ	Տ	K	Ա	Յ
Գ	Ի	Տ	Ա	Կ	Ա	Ն	Մ	Ն	Պ	Հ	Թ	Ս	Ո
Ց	Խ	Զ	Ղ	H	Հ	Վ	Վ	Բ	Ո	Ք	Ո	Ն	Ւ
Պ	Ա	Հ	Պ	Ա	Ն	Ո	Ւ	Մ	Ի	Կ	Կ	H	Ն
Ս	Ա	Ռ	Ց	Ա	Դ	Ա	Շ	Տ	Ե	Ր	K	Զ	Պ

ԲԱՑ
ԹՌՉՈՒՆՆԵՐ
ԱՄՊԵՐ
ՊԱՀՊԱՆՈՒՄ
ԱՇԽԱՐՀԱՄԱՍ
ԲՈՔՈՆ
ԱՐՇԱՎԱԽՄԲԻ
ՍԱՌՑԱԴԱՇՏԵՐ
ՍԱՌՈՒՅՑ
ԿՂԶԻՆԵՐ
ՀԱՆՔԱՅԻՆ
ԹԵՐԱԿՂԶԻ
ԺԱՅՌՈՏ
ԳԻՏԱԿԱՆ
ՏԵՂԱԳՐՈՒԹՅՈՒՆ
ՋՈՒՐ

50 - Ballet

Ո	Ր	Ա	A	O	Փ	Փ	Ա	Ձ	Գ	Ք	Ի	Գ	Չ
Ո	Ճ	Ր	Ր	A	Խ	Ո	Մ	Կ	Ա	Ն	Ն	Ե	Ր
Լ	Բ	E	Ք	Տ	Թ	Ր	Ֆ	Ր	Տ	Շ	Ջ	Ղ	A
P	P	Տ	Չ	Կ	Ա	Ձ	Դ	Ը	Է	Ռ	Ս	Ա	Հ
H	Լ	K	Վ	Ի	Ղ	Հ	Ա	Ժ	Ք	Ծ	Ո	Ր	Վ
Տ	Ե	Խ	Ն	Ի	Կ	Ա	Ա	Ղ	Ե	A	Լ	Վ	Ը
Պ	Ր	Ա	Կ	Տ	Ի	Կ	Ա	Յ	Ե	Ս	Ո	Ե	Պ
Բ	Ա	Լ	Ե	Ր	Ի	Ն	Ա	Ծ	Տ	Ռ	Տ	Ս	Ա
Լ	Ղ	Ջ	H	Լ	Ս	Ա	Ր	Ա	Ն	Ի	Ց	Տ	Ր
Հ	Մ	Տ	Ո	Ւ	Թ	Յ	Ո	Ւ	Ն	Թ	Չ	Ա	Ո
Ն	Վ	Ա	Գ	Ա	Խ	Ո	Ւ	Մ	Բ	Մ	Ց	Կ	Ղ
Խ	Ո	Ր	Ե	Ո	Գ	Ր	Ա	Ֆ	Ի	Ա	Ց	Ա	Ն
Ե	Ր	Ա	Ժ	Շ	Տ	Ո	Ւ	Թ	Յ	Ո	Ւ	Ն	Ե
Ի	Ն	Տ	Ե	Ն	Ս	Ի	Վ	Ա	Ց	Ն	Ե	Լ	Ր

ԳԵՂԱՐՎԵՍՏԱԿԱՆ
ԼՍԱՐԱՆ
ԲԱԼԵՐԻՆԱ
ԽՈՐԵՈԳՐԱՖԻԱ
ՊԱՐՈՂՆԵՐ
ԱՐՏԱՀԱՅՏԻՉ
ԺԵՍՏ
ԻՆՏԵՆՍԻՎԱՑՆԵԼ
ՄԿԱՆՆԵՐ
ԵՐԱԺՇՏՈՒԹՅՈՒՆ
ՆՎԱԳԱԽՈՒՄԲ
ՊՐԱԿՏԻԿԱ
ՓՈՐՁ
ՌԻԹՄ
ՀՄՏՈՒԹՅՈՒՆ
ՍՈԼՈ
ՈՃ
ՏԵԽՆԻԿԱ

51 - Human Body

Ֆ	Գ	Ո	Վ	Կ	Բ	Ձ	Խ	Տ	Յ	Ը	Ր	Ռ	Փ
Խ	Լ	Յ	Ս	Ի	Ր	Տ	Ց	Ւ	Մ	Ֆ	Ռ	Ը	Ծ
Շ	Ո	Ս	Է	Կ	Ո	Ճ	Լ	Մ	Ս	P	H	Ձ	Պ
Ծ	Ւ	Ը	Ա	Յ	Ո	Ր	A	Ս	Վ	E	Գ	Ն	Տ
Շ	Խ	K	Լ	Կ	Ը	Ր	Ս	Ջ	Ջ	Ծ	Ծ	P	Ա
Դ	Ց	Շ	Ղ	Ա	Ա	Ծ	Ն	Ո	Տ	Պ	Փ	Ը	Ե
Ե	Ե	Ւ	Ձ	Ր	Կ	Ն	Բ	Ե	Ր	Ա	Ն	Վ	Ծ
Մ	Ա	Տ	Ճ	Յ	Զ	Կ	Ջ	Ք	Ր	Ր	Ի	Ն	Կ
Ք	Ո	Ւ	Ս	Ա	Ա	Ի	Ֆ	Ռ	Ո	Ա	Զ	Ռ	Ս
Ց	Ի	E	Ա	Ն	Կ	Յ	Ո	Ւ	Ն	Ն	Խ	Ա	Գ
H	Դ	Թ	Ո	Թ	Ա	O	Յ	Խ	O	Ո	Փ	Ւ	Դ
Ո	O	Ւ	Տ	O	Շ	K	Բ	Ե	Թ	Ց	Կ	A	Թ
Ձ	Ե	Ռ	Ք	Վ	Ի	Ղ	Ծ	Յ	Ո	Ա	Ը	Վ	Չ
Ղ	Տ	Մ	Ը	Ո	Ւ	Ղ	Ե	Ղ	Ե	Ա	Լ	Վ	Տ

ԿՈՃ
ԱՐՅԱՆ
ՈՍԿՈՐՆԵՐ
ՈՒՂԵՂ
ԿԶԱԿ
ԱԿԱՆՋ
ԱՆԿՅՈՒՆ
ԴԵՄՔ
ՄԱՏ
ՁԵՌՔ
ԳԼՈՒԽ
ՍԻՐՏ
ԾՆՈՏ
ԾՆԿԻ
ՈՏՔԸ
ԲԵՐԱՆ
ՊԱՐԱՆՈՑ
ՔԻԹ
ՈՒՍ
ԿԱՇԻ

52 - Musical Instruments

Մ	Ֆ	Ձ	Մ	Յ	Զ	Ֆ	Լ	Ե	Յ	Տ	Ա	Ո	Տ
Ա	Ա	Թ	Ա	Կ	Գ	Ո	Ն	Գ	Ց	Ր	Ց	Բ	Ջ
Ր	Ս	Ի	Ն	Գ	Լ	Հ	Շ	Ե	Փ	Ո	Ր	E	Ձ
Ի	Ո	Վ	Դ	Բ	Դ	Ա	Շ	Ն	Ա	Մ	Ո	Ւ	Ր
Մ	Ն	Մ	Ո	Խ	Ո	Ղ	Ր	E	Ժ	Բ	Տ	Թ	Ղ
Բ	Ց	Խ	Լ	Ո	E	Ւ	Կ	Ն	Ո	Ո	Ա	Է	Ֆ
Ա	Կ	Ա	Ի	E	Ռ	Օ	Բ	Ո	Ե	Ն	Վ	Հ	Ջ
Ժ	A	Ի	Ն	Գ	Հ	P	Ձ	Ե	Ձ	Տ	Ի	Ժ	Ժ
Ձ	Չ	Ե	Թ	Մ	Բ	Ո	Ւ	Կ	Ն	A	Ղ	K	Ռ
Ճ	Ո	Ռ	Ը	Ա	Ս	Ա	Ք	Ս	Ո	Ֆ	Ո	Ն	Կ
Բ	Ծ	Դ	Ս	Յ	Ռ	Հ	Բ	Ա	Ն	Ջ	Ո	Ք	A
Թ	Ա	Վ	Ջ	Ո	Ւ	Թ	Ա	Կ	Ծ	Ն	Գ	Ք	Ճ
Ց	Ձ	Տ	Ձ	Ե	Գ	Ս	Ջ	Ո	Ւ	Թ	Ա	Կ	Ռ
Ց	Օ	Գ	Պ	Ժ	Հ	Ն	Ծ	Ն	Յ	Կ	Թ	Ծ	Ւ

ԲԱՆՋՈ
ՖԱՍՈՆ
ԹԱՎՋՈՒԹԱԿ
ԿԼԱՐՆԵՏ
ԹՄԲՈՒԿ
ՖԼԵՅՏԱ
ԳՈՆԳ
ԿԻԹԱՌ
ՏԱՎԻՂ
ՄԱՆԴՈԼԻՆ
ՄԱՐԻՄԲԱ
ՕԲՈԵ
ԴԱՇՆԱՄՈՒՐ
ՍԱՔՍՈՖՈՆ
ԲՈՒԲԵՆ
ՏՐՈՄԲՈՆ
ՇԵՓՈՐ
ՋՈՒԹԱԿ

53 - Fruit

Ե	Ժ	L	Չ	Ղ	H	O	Թ	Ո	Ւ	Ջ	Մ	Ճ	Ա
Յ	Ա	Տ	Ա	Պ	Տ	Ո	Ւ	Ղ	Յ	Ծ	Ա	Մ	Ր
Ծ	Ի	Ր	Ա	Ն	Ծ	Տ	Պ	Ջ	A	Կ	Ն	Ո	Ք
Ա	Բ	Չ	Շ	Ե	Ջ	Գ	Ա	Փ	Պ	Ի	Գ	Խ	Ա
Ջ	Ս	Շ	Զ	A	Ն	Յ	Ո	Ն	Դ	Վ	Ո	Ն	Յ
Ն	Ե	Կ	Տ	Ա	Ր	Ի	Ն	Ւ	Զ	Ի	Ա	Զ	Ա
Վ	Խ	Ի	Դ	Ս	Կ	Բ	Ա	Ն	Ա	Ն	Ձ	Ո	Խ
Ա	Ք	Տ	Պ	Ձ	Յ	Ա	Վ	Յ	Յ	Վ	L	Ր	Ն
Մ	Ց	Ր	Ա	L	Տ	L	Ո	Զ	Կ	Ծ	Ա	Տ	Զ
Ո	Պ	Ո	Պ	Ր	Ց	Մ	Կ	Յ	Կ	Ն	Ե	Տ	Ո
Ր	Վ	Ն	Ա	Ս	Կ	Ե	Ա	Չ	Ձ	Ո	Ց	Ր	Ր
Ի	P	Ը	Յ	H	Ձ	Ք	Դ	Ե	Ղ	Զ	Կ	Ւ	Ն
Ժ	Ղ	Տ	Ա	Ռ	Խ	Ա	Ո	Խ	E	P	Յ	Ո	Ղ
Խ	Ա	Ղ	Ո	Ղ	Ռ	Ն	K	A	Յ	Շ	Ե	Ս	Ս

ԽՆՁՈՐ
ԾԻՐԱՆ
ԱՎՈԿԱԴՈ
ԲԱՆԱՆ
ՅԱՏԱՊՏՈՒՂ
ԲԱԼ
ԿՈԿՈՍ
ԹՈՒԶ
ԽԱՂՈՂ
ԳՈՒԱՎԱ

ԿԻՎԻ
ԿԻՏՐՈՆ
ՄԱՆԳՈ
ՍԵԽ
ՆԵԿՏԱՐԻՆ
ՊԱՊԱՅԱ
ԴԵՂՁ
ՏԱՆՁ
ԱՐՔԱՅԱԽՆՁՈՐ
ԱՋՆՎԱՄՈՐԻ

54 - Virtues #1

Տ	Ա	Է	Ե	Զ	Ս	Զ	Խ	Վ	Ս	Տ	Ա	Հ	Տ
Մ	Ռ	Գ	Ր	Գ	Ղ	Լ	Վ	Ե	Զ	Պ	Փ	Ը	Մ
Ա	Ա	Ե	Ե	Հ	Ո	Ւ	Ս	Ա	Լ	Ի	Ձ	Շ	Ա
Ր	Տ	Ղ	Ւ	Ե	Ի	Ր	Ռ	Զ	Ր	Ա	Ը	Բ	Ք
Դ	Ա	Ա	Ա	Տ	Մ	Օ	Ծ	Ո	Հ	Ճ	Ց	Ս	Ո
Յ	Ձ	Ր	Կ	Ա	Ա	Ճ	Խ	Ն	Մ	Ֆ	Ա	Ի	Ւ
Ո	Ե	Վ	Ա	Ք	Ս	Չ	Շ	Թ	Ա	Մ	Ն	Լ	Ր
Ւ	Ռ	Ե	Յ	Ր	Տ	Ռ	Գ	Ք	Յ	Կ	Կ	Ա	Ի
Ն	Ն	Ս	Ա	Ք	Ո	Վ	Ր	Ի	Ի	Ր	Ա	Վ	Ք
Ա	Կ	Տ	Կ	Ր	Ւ	Դ	Կ	Ձ	Չ	Ք	Խ	Ն	Ը
Վ	Ֆ	Ա	Ա	Ա	Ն	Տ	Ն	P	Փ	Ո	Հ	Շ	Խ
Ե	Օ	Կ	Ն	Ս	Մ	E	Ե	Զ	H	Տ	Ց	Է	Մ
Տ	Հ	Ա	Մ	Ե	Ս	Տ	Վ	Ճ	Ռ	Ա	Կ	Ա	Ն
Ո	Ջ	Ն	Ե	Ր	Օ	Գ	Տ	Ա	Կ	Ա	Ր	Ն	Յ

ԳԵՂԱՐՎԵՍՏԱԿԱՆ
ՀՄԱՅԻՉ
ՄԱՔՈՒՐ
ՎՍՏԱՀ
ՀԵՏԱՔՐՔՐԱՍԵՐ
ՎՃՌԱԿԱՆ
ԱՐԴՅՈՒՆԱՎԵՏ
ԶՎԱՐՃԱԼԻ
ԱՌԱՏԱՁԵՌՆ
ԼԱՎ
ՕԳՏԱԿԱՐ
ԵՐԵՒԱԿԱՅԱԿԱՆ
ԱՆԿԱԽ
ԽԵԼԱՑԻ
ՀԱՄԵՍՏ
ԿՐՔՈՏ
ԳՈՐԾՆԱԿԱՆ
ՀՈՒՍԱԼԻ
ԻՄԱՍՏՈՒՆ

55 - Kitchen

Ճ	Ա	Չ	Զ	Ջ	Գ	Ա	Յ	Թ	Ի	Չ	Բ	Գ	Ց
Ղ	Ն	H	Լ	Ե	Ո	Ո	Ե	Ե	Օ	Ո	Ա	Դ	Բ
Թ	Զ	E	Ց	Ռ	Գ	Փ	Ւ	Յ	Ճ	Պ	Ղ	Ա	Գ
Խ	Ե	Շ	Ց	Ո	Ն	Ջ	Ա	Ն	Տ	Ս	Ա	Լ	Ր
Ս	Ռ	Է	Տ	Ց	Ո	Յ	Չ	Ի	Դ	Տ	Դ	Ն	Ի
Ճ	Ո	Ղ	Ջ	Ց	Ց	H	Դ	Կ	Ա	Ի	Ր	Ե	Լ
Վ	Ց	Բ	Ա	Ժ	Ա	Կ	Փ	Ո	Ն	Կ	Ա	Ր	Ս
Ճ	Ի	A	Ե	Ֆ	Զ	Ղ	Ը	Ւ	Ա	Ն	Տ	K	Ա
Ս	Կ	Ց	Չ	Ը	Ց	Ր	Ա	Ժ	Կ	Ե	Ո	Ո	Ռ
Ն	Ն	Ի	Ա	Պ	Փ	Ս	Ր	Շ	Ն	Ր	Մ	Ւ	Ն
Օ	Չ	Ո	Ս	Պ	Ո	Ւ	Ն	Գ	Ե	H	Ս	Տ	Ա
Մ	K	Մ	Ւ	Ր	Ի	Յ	Ֆ	Չ	Ր	Ր	Ը	Ե	Ր
Ռ	Ջ	Վ	Ռ	Ն	Մ	Ը	Ա	Շ	Բ	Ղ	Ե	Լ	Ա
Ռ	Թ	Փ	Ռ	Ը	Դ	Ս	Յ	Խ	Պ	Ը	Ռ	Փ	Ն

ԳՈԳՆՈՑ
ԳՈՒՆԴ
ՉՈՊՍՏԻԿՆԵՐ
ԲԱԺԱԿ
ՍՆՈՒՆԴ
ԳՐԻԼ
ԿՈՒԺ
ԹԵՅՆԻԿ
ԴԱՆԱԿՆԵՐ
ՇԵՐԵՓ
ԱՆՁԵՌՈՑԻԿ
ՋԵՌՈՑ
ԲԱՂԱԴՐԱՏՈՄՍԸ
ՍԱՌՆԱՐԱՆ
ՍՊՈՒՆԳ
ԳԴԱԼՆԵՐ
ՈՒՏԵԼ

56 - Art Supplies

Ց	Ի	Ց	Կ	Ջ	H	K	Լ	Մ	Ե	Ա	Վ	Ե	Չ
Ջ	Ն	Ո	Յ	Է	Ո	Ք	Ը	Տ	Է	Շ	Պ	Պ	Ժ
Գ	Ղ	Թ	Ո	Ւ	Ղ	Թ	Վ	Ե	Օ	Յ	A	Ա	Վ
Կ	Ա	Ծ	Ւ	Կ	K	Ց	Թ	Ս	Մ	Վ	Լ	Թ	Յ
Ր	Կ	Ղ	Ղ	Ա	Փ	Ր	Ը	Ա	Բ	Ջ	Ք	Ո	Ա
Օ	Ր	Ո	Ա	Վ	A	Է	H	Խ	Ն	Ր	Ց	Ռ	Մ
Չ	Ի	Լ	K	Փ	Ւ	Ա	Օ	Ց	Ե	Ա	E	Պ	Ա
Ճ	Լ	Ռ	Ն	Շ	Ա	P	E	Ի	Ր	Ն	Ք	Ր	Տ
Ռ	Ե	Ժ	Զ	Ա	Օ	Ր	Չ	Կ	Կ	Ե	Ց	Ֆ	Ի
Ռ	Ե	Տ	Ի	Ն	Ռ	Զ	Ն	Ս	Ե	Ր	Ջ	Չ	Տ
Ջ	Ք	Ա	H	Պ	Ա	Տ	Կ	Ե	Ր	Կ	Տ	P	Ն
Ս	Ո	Ս	Ի	Ն	Ձ	Չ	Բ	Ղ	Ր	Լ	Գ	Դ	Ե
Ծ	Տ	Ւ	Դ	Զ	Պ	Ե	A	Ա	Վ	Ֆ	Ք	Ե	Ր
Ե	K	Ծ	Ր	Գ	Ո	Ւ	Յ	Ն	Ե	Ր	Գ	Ֆ	Ժ

ԱԿՐԻԼ
ՏԵՍԱԽՑԻԿ
ԱԹՈՌ
ԿԱՎ
ԳՈՒՅՆԵՐ
ՊԱՏԿԵՐ
ՌԵՏԻՆ
ՍՈՍԻՆՁ
ԳԱՂԱՓԱՐՆԵՐ
ԹԱՆԱՔ
ՅՈՒՂ
ՆԵՐԿԵՐ
ԹՈՒՂԹ
ՄԱՏԻՏՆԵՐ
ՍԵՂԱՆ
ՋՈՒՐ
ՋՐԱՆԵՐԿ

57 - Science Fiction

Բ	Ձ	Ե	Պ	Փ	Մ	Ո	Լ	Ո	Ր	Ա	Կ	Ա	Ե
Ե	Ն	Ֆ	Ա	Ն	Տ	Ա	Ս	Տ	Ի	Կ	Ի	Տ	Ր
Յ	Է	Դ	Տ	Ճ	Մ	Ջ	Չ	Տ	Տ	Ր	Ն	Ո	Ե
Ե	Կ	O	Ր	Ճ	Ժ	Ը	K	Ը	Փ	Ա	Ո	Մ	Ւ
Դ	Ծ	Լ	Ա	Ւ	E	O	Ա	Կ	Հ	Կ	Ձ	Ա	Ա
Ն	Ի	Լ	Ն	Ծ	Ա	Յ	Ր	Ա	Հ	Ե	Ղ	Յ	Կ
Հ	Վ	Ս	Ք	Գ	Ա	Լ	Ա	Ք	Ս	Ի	Ա	Ի	Ա
Ո	Ե	Ի	Տ	O	Ր	Ա	Ք	Լ	Ի	Ճ	Չ	Ն	Յ
Գ	Ւ	Ռ	Ռ	Ո	Բ	Ո	Տ	Ն	Ե	Ր	E	Ց	Ա
Ր	Կ	Տ	Ա	Ծ	Պ	Ա	Յ	Թ	Յ	Ո	Ւ	Ն	Կ
Ք	Ձ	Ծ	Ո	Վ	Ւ	Ի	Ա	Ի	Պ	Ձ	E	Ւ	Ա
Ե	Լ	Տ	Յ	Պ	Ո	Է	Ա	Վ	Վ	Է	Չ	Ո	Ն
Ր	Ա	A	Հ	H	Ի	Ր	Ա	Ճ	Խ	Ա	Ր	Հ	P
H	Ջ	Փ	Ն	Ձ	Ո	Ա	Ս	Ց	Ե	Ն	Ա	Ր	Ճ

ԱՏՈՄԱՅԻՆ
ԳՐՔԵՐ
ԿԻՆՈ
ՀԵՌԱՎՈՐ
ԴԻՍՏՈՊԻԱ
ՊԱՅԹՅՈՒՆ
ԾԱՅՐԱՀԵՂ
ՖԱՆՏԱՍՏԻԿ
ԿՐԱԿ
ԳԱԼԱՔՍԻԱ
ՊԱՏՐԱՆՔ
ԵՐԵՒԱԿԱՅԱԿԱՆ
ՕՐԱՔԼԻ
ՄՈԼՈՐԱԿ
ՌՈԲՈՏՆԵՐ
ՍՑԵՆԱՐ
ՈՒՏՈՊԻԱ
ԱՃԽԱՐՀ

58 - Airplanes

Շ	A	Տ	Խ	Ճ	Շ	Ա	Ր	Ժ	Ի	Չ	Բ	Վ	Ն
Բ	Ա	Ե	Շ	Ի	Ն	Ա	Ր	Ա	Ր	Ա	Կ	Ա	Ն
Ա	Ծ	Ր	Ե	Ն	Ւ	Ձ	Ջ	Ջ	Ֆ	Ր	Ւ	Ռ	Պ
Ր	Չ	Կ	Ժ	Գ	Փ	Պ	Ձ	Ր	Յ	Կ	Է	Ե	Ա
Ձ	A	Ի	Պ	Ի	Չ	Դ	Ի	Հ	Ա	Ա	Յ	Լ	Տ
Ր	Ա	Ն	Կ	Լ	Չ	Ֆ	Ի	Օ	Ր	Ծ	Օ	Ի	Մ
Ո	Ն	Ք	Վ	Օ	Ժ	Ն	Տ	Զ	Լ	Ր	Ի	Ք	Ո
Ւ	Ձ	Տ	Զ	Լ	Ը	Տ	Ե	Ո	Ա	Չ	Լ	Ն	Ւ
Թ	Ն	Ա	Ն	Ց	Ո	Ր	Դ	Ր	Ֆ	Յ	Ժ	Ժ	Թ
Յ	Ա	Օ	Դ	Ա	Չ	Ո	Ւ	Օ	Դ	Յ	Ն	Ը	Յ
Ո	Կ	Մ	Թ	Ն	Ո	Լ	Ո	Ր	Տ	Ց	Վ	Ր	Ո
Ւ	Ա	Տ	Ն	Կ	Ո	Ւ	Մ	Գ	E	Փ	Վ	Ֆ	Ւ
Ն	Զ	Հ	Ո	Ւ	Ղ	Ղ	Ո	Ւ	Թ	Յ	Ո	Ւ	Ն
Ը	Մ	Ջ	Չ	Ս	Շ	Ս	Փ	Ո	Ւ	Չ	Ի	Կ	Հ

ԱՐԿԱԾ
ՕԴ
ՄԹՆՈԼՈՐՏ
ՓՈՒՉԻԿ
ՇԻՆԱՐԱՐԱԿԱՆ
ԱՆՁՆԱԿԱԶՄ
ԴԻԶԱՅՆ
ՈՒՂՂՈՒԹՅՈՒՆ
ՇԱՐԺԻՉ
ՎԱՌԵԼԻՔ
ԲԱՐՁՐՈՒԹՅՈՒՆԸ
ՊԱՏՄՈՒԹՅՈՒՆ
ՋՐԱԾԻՆ
ՏՆԿՈՒՄ
ԱՆՑՈՐԴ
ՕԴԱՉՈՒ
ՇԱՐԺԻՉՆԵՐ
ԵՐԿԻՆՔ

59 - Ocean

Փ	Ձ	Թ	Յ	Ֆ	Ա	Խ	Ձ	Վ	Գ	Ք	Ն	Զ	Ծ
Ո	Ւ	Թ	Ո	Տ	Ն	Ո	Ւ	Կ	Ո	Ր	Ա	Լ	Ո
Թ	Ս	Պ	Ո	Ւ	Ն	Գ	Ձ	Ե	Ս	Ե	Լ	Ջ	Վ
Ո	Լ	Շ	Մ	Փ	Ն	Ն	Գ	Տ	Ր	Ը	Ի	Ր	Ա
Ր	E	Ա	Ս	A	Զ	Ա	K	Ւ	Ե	Ւ	Ք	Ի	Խ
Ի	Օ	Թ	Ճ	Դ	Ը	Թ	Ծ	Ռ	P	K	Ն	Մ	Ե
Կ	Ո	Ձ	Ջ	Ձ	Ո	Ւ	Կ	Ղ	Դ	Լ	Ե	Ո	Ց
Կ	Շ	Ն	Ա	Ձ	Ռ	Ե	Լ	Ի	Ե	Ֆ	Ր	Ւ	Գ
Ր	Ւ	Ւ	Տ	Ձ	Ո	Յ	Խ	Ն	Լ	Տ	Է	Ռ	Ե
Ի	Ս	Ա	Ղ	Ի	Ո	Ք	Ր	Ա	Ֆ	Ն	Ր	Ն	Տ
Ա	Ո	Թ	Ա	P	Դ	Ւ	Ժ	Վ	Ի	Ձ	Չ	Ե	Ի
Յ	Ե	Օ	Ո	Լ	Շ	Ե	Կ	Ա	Ն	Կ	Ր	Ր	Ն
Ժ	Կ	Տ	Օ	Ի	Ղ	P	Ս	Կ	K	Ն	Ի	Լ	Կ
Մ	Ե	Դ	Ո	Ւ	Զ	Ա	Խ	Մ	Ռ	Լ	Լ	Ձ	Ձ

ՋՐԻՄՈՒՌՆԵՐ
ՆԱՎԱԿ
ԿՈՐԱԼ
ԴԵԼՖԻՆ
ՕՁԱՁՈՒԿ
ՁՈՒԿ
ՄԵԴՈՒԶԱ
ՈՒԹՈՏՆՈՒԿ
ՈՍՐԵ
ՌԵԼԻԵՖ

ԱՂ
ՇՆԱՁ
ԾՈՎԱԽԵՑԳԵՏԻՆ
ՍՊՈՒՆԳ
ՓՈԹՈՐԻԿ
ՏԻԴԵՍ
ԹՈՒՆԱ
ԿՐԻԱ
ԱԼԻՔՆԵՐ
ԿԵՏ

60 - Birds

К	Խ	Ճ	Ջ	Թ	Դ	Թ	Ա	Գ	Ռ	Ա	Վ	Յ	Հ
Ղ	Է	Ծ	Ն	Փ	Զ	Հ	Ե	Ր	Ո	Ն	Չ	Հ	Ա
Ս	Ի	Ր	Ա	Մ	Ա	Ր	Գ	Դ	Ծ	Ժ	Ս	Ա	Վ
Ր	Ժ	Ֆ	Յ	Խ	Չ	Տ	Р	Ճ	Ճ	Ի	Վ	Ր	Ա
Ե	Վ	Տ	Ճ	Ղ	Թ	Թ	Տ	Կ	Ց	Ս	Վ	Ա	Լ
Ր	Ւ	Ձ	Н	Ե	Е	Գ	Ա	Հ	Գ	Շ	Н	Գ	Ո
Չ	Թ	К	А	Н	А	Р	Е	Й	К	А	Ճ	Ի	Ւ
Ձ	Ո	Ւ	Ե	Կ	Ս	Ա	Գ	Ն	Ռ	Չ	Հ	Լ	Ս
Ճ	Ւ	Ֆ	Լ	Ա	Մ	Ի	Ն	Գ	Ո	Կ	Ջ	Ա	Ն
Բ	Թ	Պ	Ի	Ն	Գ	Վ	Ի	Ն	Լ	Կ	Ա	Դ	Վ
Ա	Ա	Ղ	Ա	Վ	Ն	Ի	Ա	Ք	Ժ	Ո	Յ	Ֆ	Շ
Դ	Կ	Չ	Ծ	Դ	Յ	Թ	Լ	Ֆ	Բ	Ւ	Լ	Չ	Ճ
Ֆ	Լ	Զ	Ե	Պ	Р	Տ	Շ	Վ	А	Կ	Ա	Մ	Ք
Ճ	Ն	Ճ	Ղ	Ո	Ւ	Կ	Ա	Ր	Ա	Պ	Մ	Е	Ի

КАНАРЕЙКА
ՀԱՎ
ԱԳՌԱՎ
ԿԿՈՒԿ
ԲԱԴ
ԱՐԾԻՎ
ՁՈՒ
ՖԼԱՄԻՆԳՈ
ՍԱԳ
ԲԱԶԵ
ՀԵՐՈՆ
ՋԱՅԼԱՄ
ԹՈՒԹԱԿ
ՍԻՐԱՄԱՐԳ
ՀԱՎԱԼՈՒՍՆ
ՊԻՆԳՎԻՆ
ԱՂԱՎՆԻ
ՃՆՃՂՈՒԿ
ԱՐԱԳԻԼ
ԿԱՐԱՊ

61 - Art

Է	Ա	Ն	Ձ	Ն	Ա	Կ	Ա	Ն	Ա	Փ	Ա	Ք	Չ
Ւ	Ք	Ս	Ք	Ք	Վ	Ճ	Ջ	K	Վ	Ֆ	Խ	Ա	Լ
Տ	Ձ	Ս	Յ	Պ	Ռ	H	Ն	Մ	Խ	K	Դ	Ն	Ծ
Ջ	Դ	Տ	Պ	Ո	H	A	Ի	Ձ	Ո	Ֆ	Ա	Դ	Ճ
Թ	A	Ե	Ա	Ր	Ւ	Ե	Վ	Ջ	Ր	Պ	Ռ	Ա	Ւ
Ջ	Յ	Ղ	Դ	H	Ե	Ր	Ց	Շ	Հ	Գ	Ա	Կ	Ո
Օ	Ժ	Ծ	Ճ	Հ	Ւ	Ս	Ռ	Ը	Ր	E	Ր	Ր	Ր
Վ	Հ	Ե	Ւ	Ք	Է	Պ	Ի	Ե	Դ	Ո	Կ	Ե	Ջ
Ռ	Թ	Լ	Կ	Ա	Ջ	Մ	Ը	Ո	Ա	Լ	Ա	Գ	Ռ
Օ	Ր	Ի	Գ	Ի	Ն	Ա	Լ	Հ	Ն	Լ	Ղ	Մ	Ջ
Ո	Գ	Ե	Շ	Ն	Չ	Վ	Ա	Ծ	Ի	Մ	Ի	Ց	Ա
Պ	Ո	Ե	Ջ	Ի	Ա	Ե	E	Ք	Շ	Ց	Դ	Ջ	Ո
Հ	Ա	Մ	Ա	Լ	Ի	Ր	H	Ջ	Մ	Լ	Հ	Ա	Մ
Ն	Կ	Ա	Ր	Ն	Ե	Ր	Ճ	Ն	Ք	Փ	Ր	Ե	Մ

ՀԱՄԱԼԻՐ
ԿԱՋՄԸ
ՍՏԵՂՃԵԼ
ԷՔՍՊՐԵՍԻՈՆ
ԱՋՆԻՎ
ՈԳԵՇՆՉՎԱԾ
ՕՐԻԳԻՆԱԼ
ՆԿԱՐՆԵՐ
ԱՆՁՆԱԿԱՆ
ՊՈԵՋԻԱ
ՔԱՆԴԱԿ
ՊԱՐՋ
ԱՌԱՐԿԱ
ՍՅՈՒՐՌԵԱԼԻՋՄ
ԽՈՐՀՐԴԱՆԻՇ

62 - Autumn

Բ	Խ	Չ	Ջ	Ի	Ճ	Յ	Ա	Գ	Ո	Ւ	Ս	Տ	Ն
Ն	Պ	Ն	Տ	Պ	Ը	A	Ր	K	Յ	Ի	Է	Ր	A
Ո	Տ	Մ	Ջ	Ժ	Չ	Դ	Յ	Դ	Ր	Մ	Ք	Ս	Կ
Ւ	Ղ	Ի	Ն	Ո	P	Բ	Յ	Ջ	Ե	Ժ	Վ	Ծ	L
Թ	Ա	Գ	Ձ	Ճ	Ր	Ո	Փ	L	Ե	Յ	Ի	Ե	Ի
Յ	Տ	Ր	Յ	Շ	Փ	Ս	Յ	Ր	Ղ	L	Ն	Ս	Մ
Ո	Ո	Ա	Ժ	Շ	Ա	Գ	Ա	Ն	Ա	Կ	Ո	Ե	Ա
Ւ	Ւ	Ց	Վ	Շ	Ռ	Ը	Մ	Չ	Ն	Ա	Ք	Ջ	Ր
Ն	Ա	Ի	O	Ջ	Ա	Բ	Ի	Ւ	Ա	Ղ	Ս	Ո	Ռ
Գ	Յ	Ա	Պ	Ն	Տ	Ն	Ս	Շ	Կ	Ի	Ջ	Ն	Ղ
Ց	Գ	Յ	Վ	Ց	Ո	Դ	Ն	Ի	Ֆ	Ն	Մ	Ա	Փ
Ի	Ի	Ի	Ձ	A	Ն	Ֆ	Ե	Դ	Յ	Ս	Կ	Յ	Ղ
Խ	Ւ	Փ	Ջ	Ւ	Ը	E	Ր	Ե	E	Ծ	Չ	Ի	Չ
Ս	Ա	Ռ	Ն	Ա	Մ	Ա	Ն	Ի	Ք	Ֆ	Պ	Ն	K

ԿԱՂԻՆ
ԽՆՁՈՐ
ՇԱԳԱՆԱԿ
ԿԼԻՄԱ
ՅԱԳՈՒՍՏ
ԷՔՎԻՆՈՔՍ
ՓԱՌԱՏՈՆ
ՅՐԴԵՅՆԵՐ
ՍԱՌՆԱՄԱՆԻՔ
ՄԻԳՐԱՑԻԱՅԻ
ԱՄԻՍՆԵՐ
ԲՆՈՒԹՅՈՒՆ
ՊՏՂԱՏՈՒ ԱՅԳԻ
ՍԵԶՈՆԱՅԻՆ
ԵՂԱՆԱԿ

63 - Nutrition

Ճ	P	K	Ս	Վ	H	Հ	Ա	Մ	Ը	Մ	A	Ն	Ւ
Տ	Ձ	Զ	Դ	Ի	Թ	Ե	Ա	Խ	Ո	Ր	Ժ	Ա	Կ
Չ	P	Ջ	Մ	Տ	Վ	Ղ	Խ	Մ	Ո	Ր	Ո	Ւ	Մ
Ս	Պ	Ի	Տ	Ա	Կ	Ո	Ւ	Ց	Ն	Ե	Ր	Ղ	Ո
A	Ո	Ջ	A	Մ	K	Ւ	Ճ	Դ	Դ	P	Ա	Կ	Ւ
Տ	Ք	Ո	Ս	Ի	Ձ	Կ	A	Ի	Ա	Ց	Կ	Ա	Տ
Ֆ	O	Մ	Ւ	Ն	Ե	Ն	Մ	Ե	Ռ	Ռ	Դ	Լ	Ե
Ք	Ա	Շ	Ը	Ս	Դ	Ե	Ղ	Տ	Ո	Պ	Ը	Ո	Լ
Տ	Ո	Ք	Ս	Ի	Ն	Ր	Է	Ա	Ղ	Ջ	Ջ	Ր	Ի
Ս	Ն	Ն	Դ	Ա	Ր	Ա	Ր	Հ	Ջ	Ռ	Փ	Ի	H
Ա	Ռ	Ո	Ղ	Ջ	Ո	Ւ	Թ	Յ	Ո	Ւ	Ն	Ա	Հ
Մ	Ա	Ր	Ս	Ո	Ղ	Ո	Ւ	Թ	Յ	Ո	Ւ	Ն	Ռ
Տ	E	Հ	Ա	Մ	Ե	Մ	Ո	Ւ	Ն	Ք	Ն	Ե	Ր
H	Լ	Ջ	Ո	Գ	Ա	Ծ	Խ	Ա	Ջ	Ր	Ե	Ր	Ձ

ԱԽՈՐԺԱԿ
ԴԱՌԸ
ԿԱԼՈՐԻԱՆԵՐ
ԱԾԽԱՋՐԵՐ
ԴԻԵՏԱ
ՄԱՐՍՈՂՈՒԹՅՈՒՆ
ՈՒՏԵԼԻ
ԽՄՈՐՈՒՄ
ՀԱՄԸ
ԱՌՈՂՋՈՒԹՅՈՒՆ
ԱՌՈՂՋ
ՀԵՂՈՒԿՆԵՐ
ՍՆՆԴԱՐԱՐ
ՍՊԻՏԱԿՈՒՑՆԵՐ
ՈՐԱԿ
ՍՈՈՒՍ
ՀԱՄԵՄՈՒՆՔՆԵՐ
ՏՈՔՍԻՆ
ՎԻՏԱՄԻՆ
ՔԱՇԸ

64 - Hiking

Ո	Ռ	Ե	Լ	Ա	Ծ	Ժ	Հ	Ք	Ք	Ի	Բ	Դ	Ւ
Ւ	Ջ	Կ	Ե	Ր	Ա	Մ	Ո	Ծ	Ա	Կ	Ն	Ե	Ր
Ղ	Կ	Ո	Ռ	Ե	Ն	Մ	Գ	Է	Ր	Լ	Ո	Փ	Կ
Ե	Ե	Շ	Ւ	Ւ	Ր	Ը	Ն	A	Ե	Ի	Ւ	Ֆ	Գ
Ց	Ն	Ի	Տ	Ր	A	E	Ա	Զ	Ր	Մ	Թ	Ք	K
Ո	Դ	Կ	Վ	Ղ	Է	Ջ	Ծ	Ն	Ժ	Ա	Յ	Ռ	Ի
Ւ	Ա	Ն	Տ	Վ	Ա	Յ	Ր	Ի	Բ	Յ	Ո	Զ	P
Յ	Ն	Ե	Ա	Ճ	Պ	Ն	Ս	Վ	Ր	Գ	Ւ	Է	Ի
Ց	Ի	Ր	Ն	Ս	Գ	Ա	Չ	Ա	Չ	Ի	Ն	Բ	Ք
Ն	Ն	Ս	Գ	Ճ	Ւ	Դ	Ր	Ս	Ը	Ն	Ի	Ռ	Հ
Ե	Ե	Ի	Ն	P	Ք	Ա	Հ	Շ	Գ	Ե	Ղ	Ք	Ժ
Ր	Ր	Ե	Ե	Ռ	Ի	Ֆ	A	Ք	Ա	Ր	Տ	Ե	Զ
Պ	Ա	Տ	Ր	Ա	Ս	Տ	Ո	Ւ	Մ	Վ	Վ	Փ	P
Ց	Ո	Կ	Ո	Ղ	Մ	Ն	Ո	Ր	Ո	Շ	Ո	Ւ	Մ

ԿԵՆԴԱՆԻՆԵՐ
ԿՈՇԻԿՆԵՐ
ԱՐՇԱՎ
ԺԱՅՌԻ
ԿԼԻՄԱ
ՈՒՂԵՑՈՒՅՑՆԵՐ
ՎՏԱՆԳՆԵՐ
ԾԱՆՐ
ՔԱՐՏԵԶ
ՄՈԾԱԿՆԵՐ
ԼԵՌ
ԲՆՈՒԹՅՈՒՆ
ԿՈՂՄՆՈՐՈՇՈՒՄ
ԱՅԳԻՆԵՐ
ՊԱՏՐԱՍՏՈՒՄ
ՔԱՐԵՐ
ԱՐԵՒ
ՀՈԳՆԱԾ
ՋՈՒՐ
ՎԱՅՐԻ

65 - Professions #1

Ե	Ք	Ա	Ր	Տ	Ո	Գ	Ր	Ա	Ֆ	Թ	Հ	Բ	Ջ
Ր	Դ	Ե	Ս	Պ	Ա	Ն	Օ	Փ	Թ	Փ	Ո	Ա	Ր
Ա	Վ	Ա	Դ	Օ	Ն	Խ	E	Ի	Ղ	Ա	Գ	Ն	Մ
Ժ	E	Խ	Մ	Բ	Ա	Գ	Ի	Ր	Հ	Ս	Ե	Կ	Ո
Ի	Ց	Ց	Ղ	E	P	Օ	Գ	Հ	A	Տ	Բ	Ե	Ւ
Շ	Բ	Ո	Ւ	Ժ	Ք	Ո	Ւ	Յ	Ր	Ա	Ա	Ր	Ղ
Տ	Ի	Ս	Ե	Ը	Ժ	Ո	Ր	Ե	Ճ	Բ	Ն	Ն	Ա
Ռ	Վ	Կ	Ց	Ո	Պ	Ռ	P	Ս	Ը	Ա	Ռ	Կ	Գ
L	Դ	Ե	Ր	Ձ	Ա	Կ	Ք	Օ	Ո	Ն	Շ	Կ	Ո
Է	Կ	Ր	Մ	Ա	Ր	Զ	Ի	Չ	Ֆ	Ր	Ձ	Ր	Ր
Բ	Ժ	Ի	Շ	Կ	Ո	Վ	Շ	Պ	Ի	Թ	Դ	Ղ	Ծ
H	Օ	Չ	Ն	Բ	Ւ	Ե	Ր	Կ	Ր	Ա	Բ	Ա	Ն
Զ	Ժ	E	Օ	Փ	Հ	Ա	Ս	Տ	Ղ	Ա	Գ	Ե	Տ
Ճ	Շ	Ի	Ի	H	Ի	Ն	Ա	Վ	Ա	Ս	Տ	Ի	Բ

ԴԵՍՊԱՆ
ԱՍՏՂԱԳԵՏ
ՓԱՍՏԱԲԱՆ
ԲԱՆԿԵՐ
ՔԱՐՏՈԳՐԱՖ
ՄԱՐԶԻՉ
ՊԱՐՈՒՀԻ
ԲԺԻՇԿ
ԽՄԲԱԳԻՐ
ԵՐԿՐԱԲԱՆ
ՈՐՍՈՐԴ
ՈՍԿԵՐԻՉ
ԵՐԱԺԻՇՏ
ԲՈՒԺՔՈՒՅՐ
ՋՐՄՈՒՂԱԳՈՐԾ
ՀՈԳԵԲԱՆ
ՆԱՎԱՍՏԻ
ԴԵՐՁԱԿ

66 - Dinosaurs

К	Յ	К	Ք	Ս	Ջ	Է	Հ	Չ	Ո	Ր	Ժ	Շ	Ց
Գ	Ծ	Չ	Պ	Ճ	Ճ	Ֆ	Ե	Ս	Ո	Ղ	Ո	Ւ	Ն
O	Ժ	К	Ա	Վ	Խ	O	Ր	Ե	A	Փ	Ժ	Ր	Ա
Հ	Մ	Ա	Լ	Թ	Ղ	Զ	Բ	Չ	Մ	Չ	Ղ	Վ	Խ
Ս	Ե	Ն	Ե	Բ	E	Գ	Ի	Շ	Ա	Տ	Ի	Չ	Ա
Կ	Ծ	Հ	Ի	Պ	Ց	Դ	Վ	Թ	Մ	Փ	Ճ	Ճ	Պ
Ա	Ա	Ե	Ժ	Վ	Է	Վ	Ո	Լ	Ո	Ւ	Ց	Ի	Ա
Յ	Ր	Տ	Լ	Պ	Ո	Չ	Ր	Պ	Ն	Ո	Վ	Ս	Տ
Ա	Ա	Ա	Թ	Չ	Չ	Ր	Տ	Վ	Տ	Խ	Պ	Հ	Մ
Կ	Տ	Ց	Ե	Ֆ	Ռ	Ը	Ե	E	Ֆ	Վ	Ր	Ե	Ա
Ա	Ա	Ո	Ւ	Ր	Տ	Ե	Ս	Ա	Կ	Ն	Ե	Ր	Կ
Ն	Վ	Ւ	Ե	Լ	Կ	Ի	Ւ	Թ	Զ	H	Ֆ	Ս	Ա
Ա	Ո	Մ	Ր	Ց	Ւ	Ի	Փ	Շ	Մ	Հ	Պ	Ջ	Ն
Է	Ր	Ե	Պ	К	Ո	Ղ	Ր	Գ	O	Ջ	H	Վ	A

ԱՆՀԵՏԱՑՈՒՄ
ԵՐԿԻՐ
ՀՍԿԱՅԱԿԱՆ
ԷՎՈԼՈՒՑԻԱ
ՀԵՐԲԻՎՈՐ
ՄԵԾ
ՄԱՄՈՆՏ
ՕՄՆԻՎՈՐԵ
ՀԶՈՐ
ՆԱԽԱՊԱՏՄԱԿԱՆ
ԳԻՇԱՏԻՉ
ՍՈՂՈՒՆ
ՉԱՓ
ՏԵՍԱԿՆԵՐ
ՊՈՉ
ԱՐԱՏԱՎՈՐ
ԹԵՒԵՐ

67 - Barbecues

Ը	E	Չ	Ճ	Ա	Շ	Ս	Ո	Ո	Ւ	Ս	Ո	Վ	Վ
Ե	Ն	Ջ	A	Մ	Դ	Ն	Ց	Ե	Փ	Ֆ	Գ	Յ	Փ
Ը	Ր	Կ	Փ	Ա	Ղ	Ո	Ց	Զ	A	Ւ	Փ	L	L
Ն	Է	Ա	Ե	Ռ	Զ	Ւ	Ճ	Չ	Գ	Ր	Չ	Շ	Ժ
Տ	Բ	Ը	Ժ	Ր	E	Ն	Տ	Ա	Յ	Ս	P	Զ	Գ
Ա	Ե	O	Ն	Շ	Ն	Դ	Ա	Ն	Ա	Կ	Ն	Ե	Ր
Ն	Ր	Ծ	H	Թ	Տ	Ե	Ք	Ք	Վ	Զ	Ո	Ս	Ի
Ի	Ե	Ր	Չ	Զ	Ր	Ո	Ր	L	Գ	Ւ	Թ	Յ	L
Ք	Խ	Ա	Ղ	Ե	Ր	Ի	Ւ	Պ	Ե	L	Թ	Ա	Ո
O	Ա	Ց	Փ	A	Ը	Ծ	Ք	Թ	K	Ր	Ր	Գ	L
Ն	Ն	Խ	A	A	A	O	Թ	Շ	Յ	Է	Ը	Տ	Ի
Ռ	Ե	Ա	Ղ	Ց	Ա	Ն	Ն	Ե	Ր	Ո	Գ	O	Կ
Մ	Ր	Գ	Ե	Ր	Խ	Ր	Խ	Ր	Ջ	Շ	Ւ	O	Բ
Բ	Ա	Ն	Ջ	Ա	Ր	Ե	Ղ	Ե	Ն	Յ	Ֆ	Ն	A

ՅԱՎ
ԵՐԵԽԱՆԵՐ
ԸՆԹՐԻՔ
ԸՆՏԱՆԻՔ
ՍՆՈՒՆԴ
ԸՆԿԵՐՆԵՐ
ՄՐԳԵՐ
ԽԱՂԵՐ
ԳՐԻԼ
ՏԱՔ
ՍՈՎ
ԴԱՆԱԿՆԵՐ
ՃԱՇ
ԵՐԱԺՇՏՈՒԹՅՈՒՆ
ԱՂՑԱՆՆԵՐ
ԱՂ
ՍՈՈՒՍ
ԱՄԱՌ
ԼՈԼԻԿ
ԲԱՆՋԱՐԵՂԵՆ

68 - Surfing

Հ	Ա	Ն	Ր	Ա	Ճ	Ա	Ն	Ա	Չ	Ռ	Մ	Օ	Ս
Փ	Ե	Ո	Ո	Լ	Ր	Գ	A	Դ	Ա	Ե	Ա	Վ	Տ
Ա	Ր	Ն	Ւ	Ի	Ց	Բ	Ծ	Ի	Ր	Լ	Ր	Կ	Ա
Շ	Չ	Փ	Ժ	Ք	Գ	Ա	Ա	A	Ա	Ի	Զ	Ի	Մ
E	Վ	Մ	Ո	A	Թ	Զ	Յ	Լ	Գ	Ե	Ի	Ա	Ո
Ե	Է	Հ	Յ	Ւ	Ը	Մ	Ր	Չ	Ո	Ֆ	Կ	Ն	Ք
Լ	Ո	Ղ	Ա	Փ	Ր	Ո	Ա	Ե	Ւ	Ղ	Շ	Ո	Ս
Ժ	Ա	Մ	Ա	Ն	Ց	Ւ	Հ	Մ	Թ	Ե	Ա	Ս	Ի
Հ	Շ	Ս	Ժ	Հ	Ս	Թ	Ե	Պ	Յ	Ղ	E	Լ	Ջ
Հ	Փ	Մ	Օ	A	Ո	Յ	Ղ	Ի	Ո	Ա	Յ	Զ	Գ
P	Դ	Ո	Դ	Տ	Ե	Ո	Տ	Ո	Ւ	Ն	Ջ	Դ	Դ
Մ	Մ	Ը	Է	Ժ	Լ	Ւ	Զ	Ն	Ն	Ա	Դ	Ի	Օ
Մ	Մ	P	Վ	Ե	Ց	Ն	Ո	Ց	Տ	Կ	Ս	K	E
Ս	Կ	Ս	Ն	Ա	Կ	Ը	Ս	Զ	Ո	Ճ	Տ	Ճ	Խ

ՄԱՐԶԻԿ
ԼՈՂԱՓ
ՍԿՍՆԱԿ
ՉԵՄՊԻՈՆ
ԲԱԶՄՈՒԹՅՈՒՆԸ
ԾԱՅՐԱՀԵՂ
ՓՐՓՈՒՐ
ԺԱՄԱՆՑ
ՕՎԿԻԱՆՈՍ
ՀԱՆՐԱՃԱՆԱՉ
ՌԵԼԻԵՖ
ԱՐԱԳՈՒԹՅՈՒՆ
ՍՏԱՄՈՔՍԻ
ՈՒԺ
ՈՃ
ԼՈՂԱԼ
ԱԼԻՔ
ԵՂԱՆԱԿ

69 - Chocolate

Ռ	K	Զ	Ծ	Յ	A	Չ	Ն	Խ	Ո	Ո	Հ	Ր	Բ
Բ	Ա	Ղ	Ա	Դ	Ր	Ի	Չ	Ջ	Ա	Գ	Ա	Է	Ա
Փ	Ո	Ր	Ա	Կ	Ա	Ր	Ա	Մ	Ե	Լ	Մ	Կ	Ղ
Կ	Ո	Ւ	Կ	Ա	Կ	Ա	Ո	H	Կ	P	Ե	Զ	Ա
Ա	Ւ	Շ	Ր	Ս	Ա	Գ	Ղ	K	Հ	Դ	Ղ	Ո	Դ
Լ	Տ	Ա	Ի	Մ	Կ	Ժ	Ռ	Ղ	Ա	Ա	Ի	Տ	Ր
Ո	Ե	Ք	Շ	Դ	Ո	Ե	Ֆ	O	Մ	Ռ	Մ	Ի	Ա
Ր	Լ	Ա	Շ	Ռ	Կ	Ւ	A	A	Ը	Ը	Ճ	Կ	Տ
Ի	H	Ր	E	Դ	Ո	Դ	Ն	Ս	Ի	Ր	Ա	Ծ	Ո
Ա	Գ	H	Ը	Ե	Ս	P	Ղ	Ք	Ա	Ղ	Ց	Ր	Մ
Ն	Հ	Ա	Կ	Ա	Ք	Ս	Ի	Դ	Ա	Ն	Տ	Ը	Ս
Ե	Ո	Դ	Ի	Ձ	Ն	Ծ	Մ	Ա	Գ	H	Հ	Ռ	Ը
Ր	Չ	Հ	Դ	Մ	Կ	Յ	Ջ	Ծ	Մ	Ւ	Մ	Հ	E
Ժ	Ց	E	Լ	Հ	Ց	Զ	Գ	Ջ	Յ	E	Ջ	Վ	Ռ

ՀԱԿԱՔՍԻԴԱՆՏ
ԲՈՒՐՄՈՒՆՔ
ԴԱՌԸ
ԿԱԿԱՈ
ԿԱԼՈՐԻԱՆԵՐ
ԿԱՐԱՄԵԼ
ԿՈԿՈՍ
ՀԱՄԵՂ
ԷԿԶՈՏԻԿ
ՍԻՐԱԾ

ՀԱՄԸ
ԲԱՂԱԴՐԻՉ
ՓՈՇԻ
ՈՐԱԿ
ԲԱՂԱԴՐԱՏՈՄՍԸ
ՇԱՔԱՐ
ՔԱՂՑՐ
ՀԱՄ
ՈՒՏԵԼ

70 - Vegetables

Է	Ս	Մ	Բ	Ո	Ւ	Կ	Դ	Դ	Ո	Ւ	Մ	Վ	Լ
Մ	Պ	Տ	Հ	Յ	Ն	Թ	Ց	P	Է	Ա	H	Ա	O
Լ	Ա	Չ	Ն	Ւ	Բ	Ս	Չ	Հ	Թ	Ղ	Ե	Ր	Շ
Ղ	Ն	Ղ	Շ	Ե	Դ	Ր	Ւ	O	Ծ	Ց	Վ	Ո	Ր
Գ	Ա	Զ	Ա	Ր	Խ	Ս	Ո	Խ	Ա	Ա	Ա	Ւ	Կ
Ժ	Խ	O	Լ	Դ	Թ	Ո	Վ	Կ	Ղ	Ն	Վ	Ն	Ո
Ձ	Է	Դ	Ո	Ջ	Ա	Ւ	Ւ	Փ	Կ	Ի	Շ	Գ	Ճ
Ք	Ի	H	Տ	Խ	Բ	Ն	Ա	Ր	Ա	Ո	Բ	Գ	Ա
Շ	Ծ	K	Ո	Տ	H	Կ	Ո	Փ	Կ	Հ	Լ	Կ	Պ
Ա	Ր	Տ	Ի	Ճ	Ո	Ւ	Կ	Ս	Ա	Ս	Ո	Ի	Ղ
Ղ	Բ	P	Կ	Ը	A	Ր	P	Խ	Ղ	Ի	Լ	Ժ	Պ
Գ	Ո	Ւ	Չ	Ց	Չ	Ւ	Ջ	Տ	Ա	Ս	Ի	Լ	Ե
Ա	Ղ	Չ	Ֆ	Ո	H	Ը	K	Ո	Մ	Ե	Կ	Լ	Ղ
Մ	Կ	Ծ	Պ	Ք	Չ	Ո	Ե	Ր	Բ	Ռ	H	Ժ	Զ

ԱՐՏԻՃՈՒԿ
ԲՐՈԿԿՈԼԻ
ԳԱԶԱՐ
ԾԱՂԿԱԿԱՂԱՄԲ
ՆԵԽՈՒՐ
ՎԱՐՈՒՆԳ
ՍՄԲՈՒԿ
ՍԽՏՈՐ
ԿՈՃԱՊՂՊԵՂ
ՍՈՒՆԿ
ՍՈԽ
ՄԱՂԱԴԱՆՈՍ
ՍԻՍԵՌ
ԴԴՈՒՄ
ԲՈՂԿ
ԱՂՑԱՆ
ՇԱԼՈՏ
ՍՊԱՆԱԽ
ԼՈԼԻԿ
ՇԱՂԳԱՄ

71 - Boats

Ը	L	Ա	Տ	Վ	Ճ	Կ	Գ	Ն	Ժ	K	O	Ը	Ջ
Պ	Ա	Ն	Ղ	Ռ	Գ	A	Ա	Դ	Է	Ք	Ծ	O	H
K	Ս	Ձ	Մ	Ժ	Ո	Յ	Ճ	Յ	L	Է	Ո	K	O
Ս	Տ	Ն	Ծ	K	Գ	Ե	Տ	O	Ա	Թ	Վ	Ճ	Բ
Ա	Ա	Ա	Չ	Է	Ո	Ռ	Ց	Վ	Ը	Կ	Ժ	Ժ	Ո
Յ	Ն	Կ	Ծ	Ռ	Խ	Ս	L	Կ	Է	Ծ	Ֆ	Կ	Ւ
L	Ա	Ա	Ւ	Ճ	Ա	Ր	Ժ	Ի	Չ	Ո	Պ	Ա	Յ
Բ	Վ	Ձ	Ն	Ւ	Ր	Բ	Փ	Ա	Ճ	Վ	Ա	Յ	Ն
Ո	O	Մ	Ա	L	Ի	Ք	Ը	Ն	Ե	Ա	Ր	Մ	Ա
Ա	Կ	Ճ	Վ	Ծ	Ս	Ձ	Յ	Ո	Ջ	Յ	Ա	K	Վ
Տ	Կ	Ն	Ա	P	Խ	Ց	Ռ	Ս	Ը	Ի	Ն	Ի	Ա
Ծ	Պ	Ե	Կ	Ը	Ր	E	Մ	Ն	Ծ	Ն	Ա	Ւ	Ս
Ց	Պ	Ղ	Ա	L	Ի	Ք	Ն	Ե	Ր	Պ	Ց	Յ	Տ
Ձ	Բ	Ո	Ս	Ա	Ն	Ա	Վ	E	Ա	Ձ	Փ	Գ	Ի

ԽԱՐԻՍԽ
ԲՈՒՅ
ՆԱՎԱԿ
ԱՆՁՆԱԿԱԶՄ
ՃԱՐԺԻՉ
LԱՍՏԱՆԱՎ
ԿԱՅԱԿ
LԻՃ
ԿԱՅՄ
ԾՈՎԱՅԻՆ
OՎԿԻԱՆՈՍ
ԳԵՏ
ՊԱՐԱՆ
ՍԱՅLԲՈԱՏ
ՆԱՎԱՍՏԻ
ԾՈՎ
ԱLԻՔԸ
ԱLԻՔՆԵՐ
ՋԲՈՍԱՆԱՎ

72 - Activities and Leisure

Ի	Ֆ	P	Գ	Ս	K	Դ	Լ	Ս	Պ	P	Բ	Ձ	Բ
Օ	Հ	Ս	Ք	Բ	Ե	Յ	Ս	Բ	Ո	Լ	Հ	Ն	Ռ
Ց	Ջ	Ր	P	Փ	Պ	Ր	Ճ	Ջ	Խ	Ը	Ա	Կ	Ն
Շ	A	Ջ	Ս	Դ	Չ	Տ	Ֆ	Չ	Ձ	Ի	Ն	Ա	Ց
Լ	Ֆ	Հ	Փ	Մ	Ղ	Լ	P	Ի	Կ	E	Գ	Ր	Ք
Ո	Գ	Ո	Լ	Ֆ	Ւ	Ք	Թ	Ե	Ն	Ի	Ս	Չ	Ա
Ղ	Ւ	Օ	Ւ	Վ	Ի	Օ	Ռ	Ա	Ո	Գ	Տ	Ո	Մ
Ց	Ք	Յ	Շ	Տ	Ջ	A	Ւ	Ր	Ր	Ն	Ա	Ւ	Ա
Ա	Ր	Շ	Ա	Վ	Բ	Ե	Լ	Վ	Ս	Ո	Ն	Թ	Ր
Ս	Մ	Ճ	Դ	Ո	Տ	Ո	Ւ	Ե	Ի	Ւ	Ա	Յ	Տ
Վ	Գ	Գ	Է	Հ	Կ	Ղ	Լ	Ս	Գ	Մ	Լ	Ո	K
Վ	Ո	Լ	Ե	Յ	Բ	Ո	Լ	Տ	Մ	Ն	Ո	Ւ	E
Բ	Ա	Ս	Կ	Ե	Տ	Բ	Ո	Լ	Բ	Ե	Ւ	Ն	Ք
Շ	Ճ	Ա	Ն	Ա	Պ	Ա	Ր	Հ	Ո	Ր	Դ	Ե	Լ

ԱՐՎԵՍՏ
ԲԵՅՍԲՈԼ
ԲԱՍԿԵՏԲՈԼ
ԲՌՆՑՔԱՄԱՐՏ
ԱՐՇԱՎ
ՁԿՆՈՐՍ
ԳՈԼՖ
ՆԿԱՐՉՈՒԹՅՈՒՆ
ՀԱՆԳՍՏԱՆԱԼՈՒ
ԳՆՈՒՄՆԵՐ
ՖՈՒՏԲՈԼ
ՍԵՐՖԻՆԳ
ԼՈՂ
ԹԵՆԻՍ
ՃԱՆԱՊԱՐՀՈՐԴԵԼ
ՎՈԼԵՅԲՈԼ

73 - Driving

Ա	Վ	Տ	Ո	Տ	Ն	Ա	Կ	Հ	Բ	Պ	Է	Մ	Տ
Վ	Ր	Կ	Ժ	Բ	Ե	Ռ	Ն	Ա	Տ	Ա	Ր	Ո	Շ
Տ	Ա	Գ	Ա	Զ	Վ	Ա	Ռ	Ե	Լ	Ի	Ք	Տ	Ծ
Ա	Ր	Դ	Ե	Լ	Ի	Ց	Ե	Ն	Զ	Ի	Ա	Ո	Մ
Ն	Ա	Ծ	Կ	Լ	Ճ	Վ	Ա	Ր	Ո	Ր	Դ	Ր	Ե
Գ	Գ	Ո	Զ	Շ	Ա	Ր	Ժ	Ո	Ւ	Մ	Ժ	Լ	Ք
Ն	Ո	H	Վ	Հ	Ն	Կ	Ք	Ա	Ր	Տ	Ե	Զ	Ե
Ը	Ւ	Բ	Գ	Գ	Ա	Պ	Ն	Ջ	Բ	Փ	Յ	Թ	Ն
Վ	Թ	Ա	Ր	Կ	Պ	Թ	Փ	Ե	Խ	Ժ	Ֆ	Ո	Ա
Բ	Յ	Վ	Ց	Թ	Ա	Ջ	Ծ	Ո	Ր	Խ	Ք	Ւ	Ն
Փ	Ո	Խ	Ա	Դ	Ր	Ո	Ւ	Մ	Ղ	Շ	Ս	Ն	Կ
Ռ	Ւ	Լ	Փ	Ժ	Հ	Ը	Ն	Ս	Ո	Ո	Զ	Ե	Ց
Բ	Ն	Մ	Ո	Տ	Ո	Ց	Ի	Կ	Լ	Պ	Ց	Լ	Ի
Հ	Ե	Տ	Ի	Ո	Տ	Ն	Ա	Յ	Ի	Ն	Զ	Զ	H

ՎԹԱՐ
ԱՐԳԵԼԱԿՆԵՐ
ՄԵՔԵՆԱ
ՎՏԱՆԳ
ՎԱՐՈՐԴ
ՎԱՌԵԼԻՔ
ԱՎՏՈՏՆԱԿ
ԳԱԶ
ԼԻՑԵՆԶԻԱ
ՔԱՐՏԵԶ

ՄՈՏՈՐ
ՄՈՏՈՑԻԿԼ
ՀԵՏԻՈՏՆԱՅԻՆ
ՃԱՆԱՊԱՐՀ
ԱՐԱԳՈՒԹՅՈՒՆ
ՓՈՂՈՑ
ՇԱՐԺՈՒՄ
ՓՈԽԱԴՐՈՒՄ
ԲԵՌՆԱՏԱՐ
ԹՈՒՆԵԼ

74 - Professions #2

Կ	Ե	Ն	Ս	Ա	Բ	Ա	Ն	Դ	Փ	Վ	Ն	Լ	Ա
Գ	P	H	Թ	K	Ֆ	Կ	Թ	Ե	Ի	Ի	Կ	Ի	Տ
Գ	Ր	P	Յ	Պ	Ե	Խ	Ա	Տ	Լ	Ր	Ա	Փ	Ա
Լ	Յ	Ա	Բ	Ղ	Ր	Շ	Յ	Ե	Ի	Ա	Ր	Ռ	Մ
Ր	Բ	Ո	Դ	Լ	Մ	Ձ	Գ	Կ	Ս	Բ	Ի	Մ	Ն
Ա	Շ	Բ	Ւ	Ա	Ե	Շ	Ե	Տ	Ո	Ո	Չ	Ի	Ա
Գ	Ց	Յ	Ժ	Տ	Ր	Ի	Պ	Ի	Փ	Ւ	Օ	Ն	Բ
Ր	Գ	Շ	Խ	Ի	Ա	Ա	Ա	Վ	Ա	Յ	Դ	Ժ	Ո
Ո	Լ	Ե	Ռ	Լ	Շ	Ր	Ն	Խ	Ց	Ժ	Ա	Ե	Ւ
Ղ	Հ	Ի	Տ	Ս	A	Կ	Ա	Ա	Ծ	Տ	Չ	Ն	Յ
Ո	Ւ	Ս	Ո	Ւ	Ց	Ի	Չ	Ր	Վ	Մ	Ո	Ե	Ժ
Լ	Ե	Զ	Վ	Ա	Բ	Ա	Ն	Հ	Ո	Ա	Ւ	Ր	Ը
Օ	Օ	Ն	Ս	Ճ	Ն	Կ	Ա	Ր	Ա	Գ	Ր	Ո	Ղ
Ռ	Ց	Ֆ	Լ	Ո	Ւ	Ս	Ա	Ն	Կ	Ա	Ր	Ի	Չ

ԿԵՆՍԱԲԱՆ
ԱՏԱՄՆԱԲՈՒՅԺ
ԴԵՏԵԿՏԻՎ
ԻՆԺԵՆԵՐ
ՖԵՐՄԵՐ
ԱՅԳԵՊԱՆ
ՆԿԱՐԱԳՐՈՂ
ԳՅՈՒՏԱՐԱՐ
ԼՐԱԳՐՈՂ
ԳՐԱԴԱՐԱՆԱՎԱՐ
ԼԵԶՎԱԲԱՆ
ՆԿԱՐԻՉ
ՓԻԼԻՍՈՓԱ
ԼՈՒՍԱՆԿԱՐԻՉ
ԲԺԻՇԿ
ՕԴԱՉՈՒ
ՎԻՐԱԲՈՒՅԺ
ՈՒՍՈՒՑԻՉ

75 - Emotions

Տ	Յ	Ո	Բ	Դ	Ծ	Ի	Հ	Շ	Բ	Օ	Վ	Ք	Ե
Ջ	Խ	Ւ	Ա	Ը	Օ	Ջ	Ո	A	E	Գ	Ա	Թ	Ր
Ս	Ե	Ր	Ր	Օ	Պ	Շ	Ւ	Ս	Հ	Ն	Ց	K	Ա
Լ	Բ	Ա	Ո	Ռ	Հ	Ւ	Զ	Ք	Ա	Ո	Զ	Զ	Ն
Ճ	Շ	Խ	Ւ	Ւ	Ճ	Պ	Վ	Մ	Մ	Ւ	Ա	Ք	Ո
Ք	Ա	Ո	Թ	Ն	Թ	Ն	Ա	K	Ա	Թ	Յ	H	Ւ
Կ	Ն	Ւ	Յ	Դ	Փ	Յ	Ծ	Ի	Կ	Յ	Ր	Չ	Թ
Ո	Ա	Թ	Ո	Չ	Ը	Օ	Ո	Ս	Ր	Ո	Ո	Հ	Յ
Ք	Կ	Յ	Ւ	Դ	Պ	Ք	Ւ	Ւ	Ա	Ւ	Ւ	Ա	Ո
Կ	Ն	Ո	Ն	Գ	Տ	Ճ	K	Դ	Ն	Ն	Յ	Ն	Ւ
Ճ	Կ	Ւ	K	Թ	Վ	Շ	Ս	Չ	Ք	Հ	Թ	Գ	Ն
Ձ	Ա	Ն	Ձ	Ր	Ո	Ւ	Յ	Թ	Վ	Չ	Ր	Ի	Ֆ
Լ	Լ	Մ	Շ	Ն	Ո	Ր	Հ	Ա	Կ	Ա	Լ	Ս	Ծ
Բ	Ա	Վ	Ա	Ր	Ա	Ր	Վ	Ա	Ծ	Ւ	Խ	Տ	Ո

ԶԱՅՐՈՒՅԹ
ԵՐԱՆՈՒԹՅՈՒՆ
ՁԱՆՁՐՈՒՅԹ
ՀԱՆԳԻՍՏ
ՀՈՒԶՎԱԾ
ՎԱԽ
ՇՆՈՐՀԱԿԱԼ
ՈՒՐԱԽՈՒԹՅՈՒՆ
ԲԱՐՈՒԹՅՈՒՆ
ՍԵՐ
ՕԳՆՈՒԹՅՈՒՆ
ՏԽՐՈՒԹՅՈՒՆ
ԲԱՎԱՐԱՐՎԱԾ
ԱՆԱԿՆԿԱԼ
ՀԱՄԱԿՐԱՆՔ

76 - Mythology

Կ	Ա	Խ	Ա	Ր	Դ	Ա	Կ	Ա	Ն	Ժ	Ձ	A	Շ
Հ	Ր	Հ	Պ	Փ	Մ	Բ	Լ	Ռ	Ա	Զ	Մ	Ի	Կ
Ռ	Ա	Ո	Տ	Թ	Ա	Օ	Ա	Է	Ն	Ծ	A	Վ	Կ
Է	Ր	Ր	Լ	P	Հ	Ը	Բ	Թ	Մ	Դ	Ղ	Շ	Ը
Դ	Ա	Ո	Ե	Է	Կ	H	Ի	P	Ա	Զ	Ք	Հ	Մ
Խ	Ծ	Տ	Գ	Զ	Ա	Ւ	Ր	Ծ	Հ	Ե	Ր	Ո	Ս
Մ	Ա	Ձ	Ե	Ֆ	Ն	Կ	Ի	Ս	Ո	Վ	Ր	Ե	Ժ
Հ	Շ	Ն	Ն	Պ	Ա	Ա	Ն	Տ	Ւ	Ա	Ղ	Ե	Տ
Ի	Ր	Ա	Դ	Ռ	Ց	Յ	Թ	Ե	Թ	Ր	Շ	Ր	Ղ
Մ	Ի	Ե	Կ	Ը	Ո	Ծ	Ո	Ղ	Յ	Ք	E	Կ	H
Տ	K	Տ	Շ	Ո	Ւ	Ա	Ս	Ծ	Ո	Ա	Ժ	Ի	Յ
K	Հ	Ք	Ա	Ւ	Ւ	Կ	Պ	Ո	Ւ	Գ	E	Ն	Ժ
Ձ	Ց	H	Ռ	Ժ	H	Յ	Զ	Ւ	Ն	Ի	Ժ	Ք	Ը
Ա	Ր	Ք	Ե	Տ	Ի	Պ	Թ	Մ	Յ	Ծ	P	Ժ	Խ

ԱՐՔԵՏԻՊ
ՎԱՐՔԱԳԻԾ
ՍՏԵՂԾՈՒՄ
ԱՐԱՐԱԾ
ՄՇԱԿՈՒՅԹ
ԱՂԵՏ
ԵՐԿԻՆՔ
ՀԵՐՈՍ
ԱՆՄԱՀՈՒԹՅՈՒՆ
ԽԱՆԴԸ
ԼԱԲԻՐԻՆԹՈՍ
ԼԵԳԵՆԴ
ԿԱՅԾԱԿ
ԿԱԽԱՐԴԱԿԱՆ
ՀՐԵՇ
ՄԱՀԿԱՆԱՑՈՒ
ՎՐԵԺ
ՈՒԺ
ՈՐՈՏ
ՌԱԶՄԻԿ

77 - Hair Types

Ս	Ը	Ա	Ծ	Ւ	Ֆ	Գ	Ճ	Ջ	H	Մ	Ս	Ե	Ւ
Ա	Ջ	Ժ	Ռ	Ճ	Վ	Փ	Ա	Յ	Լ	Ո	Ւ	Ն	Հ
Կ	Ա	Ր	Ճ	Ո	Գ	A	Ղ	Ժ	Ւ	Խ	Չ	Ծ	Յ
Գ	Ռ	Մ	Շ	Թ	Ղ	Ջ	Ա	Փ	Հ	Ր	Ի	Է	Ո
Ձ	Ն	Հ	Ճ	Ֆ	Դ	Ջ	Տ	Խ	Հ	Ա	Ր	Թ	Ւ
Ր	Շ	Ճ	Ը	Ն	Ծ	Ե	A	Ջ	Ռ	Գ	Ս	Թ	Ս
Գ	Ա	Ն	Գ	Ո	Ւ	Ր	Ն	Ե	Ր	Ո	Ս	Տ	Ա
Չ	Ո	Ր	Ս	Ց	Ն	Կ	Ի	Օ	Է	Ւ	Պ	Դ	Ծ
Ռ	Կ	Ւ	Շ	Ի	Կ	Ա	Հ	Ե	Ր	Յ	Ի	Է	Ր
Կ	A	Մ	Ն	Բ	Փ	Ր	Բ	Գ	Թ	Ն	Տ	Ծ	Պ
Յ	Փ	Ռ	Փ	Ա	Փ	Ո	Ւ	Կ	Ը	Փ	Ա	Չ	Ղ
Շ	P	H	Է	Ր	Վ	Ա	Ր	Ծ	Ա	Թ	Կ	Օ	Ը
E	Տ	Յ	Յ	Ա	Պ	Ո	Գ	Ա	Ն	Գ	Ո	Ւ	Ր
A	Հ	Ջ	K	Կ	Ձ	Է	Ր	Տ	Է	Ի	Կ	Ց	Պ

ՃԱՂԱՏ
ՍԵՒ
ՇԻԿԱՀԵՐ
ՀՅՈՒՍԱԾ
ԳՈՒՆԱՎՈՐ
ԳԱՆԳՈՒՐՆԵՐ
ԳԱՆԳՈՒՐ
ՉՈՐ
ՄՈԽՐԱԳՈՒՅՆ
ԱՌՈՂՋ
ԵՐԿԱՐ
ՓԱՅԼՈՒՆ
ԿԱՐՃ
ԱՐԾԱԹ
ՀԱՐԹ
ՓԱՓՈՒԿ
ՀԱՍՏ
ԲԱՐԱԿ
ՍՊԻՏԱԿ

78 - Furniture

Գ	Բ	Զ	Ց	Գ	Ր	Ա	Ս	Ե	Ղ	Ա	Ն	Բ	Դ
Ռ	Ա	Ա	Հ	Չ	Վ	K	Թ	Պ	Ռ	A	Ձ	Ա	Ա
Ե	Ր	Ր	Ք	Բ	Ա	Ր	Ձ	Ո	Շ	Ռ	Մ	Զ	Ր
Ա	Ձ	Դ	Գ	Ո	Ր	Գ	Ժ	Գ	Ռ	Չ	Ր	Կ	Ա
Ի	Ի	Ա	Ր	P	Ա	E	Ռ	Օ	Ջ	Ւ	Ո	Ա	Կ
Դ	Կ	Ս	Ա	Հ	Գ	Ֆ	Ո	Ւ	Տ	Ո	Ն	Թ	Ն
Տ	Ն	Ե	Պ	Զ	Ո	Ը	Ն	Մ	Ր	Ւ	Լ	Ո	Ե
Է	Ե	Ղ	Ա	Ւ	Ւ	Է	Ե	Ա	Ն	Վ	Ա	Ռ	Ր
Զ	Ր	Ա	Հ	Ճ	Յ	Ն	Ր	Հ	Ա	Յ	Ե	Լ	Ի
Ո	Ճ	Ն	Ա	Ց	Ր	Խ	Ք	Ճ	Դ	Ե	Դ	Ի	Ց
Դ	Ր	Բ	Ր	Գ	Ն	Ը	Ն	Ա	Լ	Է	Է	Ս	Ն
Լ	Ր	Ս	Ա	Ն	Ե	Յ	Ա	Կ	Չ	Ա	Զ	Պ	Ռ
Ա	Ձ	Ջ	Ն	Ն	Ր	Յ	Կ	Ա	Ս	Դ	Մ	Ժ	Թ
Դ	Ա	Զ	Գ	Ա	Հ	Ձ	Դ	Լ	Գ	Ա	Օ	Պ	Պ

ԲԱԶԿԱԹՈՌ
ՄԱՀՃԱԿԱԼ
ԴԱԶԳԱՀ
ԳՐԱՊԱՀԱՐԱՆ
ԱԹՈՌ
ՎԱՐԱԳՈՒՅՐՆԵՐ
ԲԱՐՁԻԿՆԵՐ
ԳՐԱՍԵՂԱՆ
ԶԱՐԴԱՍԵՂԱՆ
ՖՈՒՏՈՆ
ԼԱՄՊ
ՆԵՐՔՆԱԿ
ՀԱՅԵԼԻ
ԲԱՐՁ
ԳՈՐԳ
ԴԱՐԱԿՆԵՐ

79 - Garden

Ե	Զ	Ֆ	Հ	Ի	Գ	Ա	Վ	Տ	Ո	Տ	Ն	Ա	Կ
Ծ	Ռ	Ղ	Ո	Փ	Յ	Ո	Ց	Լ	Ղ	A	P	Ի	Ա
Պ	Ա	Ց	Ղ	Պ	Տ	Չ	Ւ	Լ	Ր	Ի	Ի	Ն	H
Լ	Յ	Ռ	H	Յ	Ր	Ժ	O	Լ	Ա	Ւ	Մ	Բ	Զ
Ղ	Գ	P	P	Զ	Ա	Չ	Յ	Ճ	Պ	Ը	Շ	H	Ե
Ն	Ի	Թ	Ց	Ֆ	Մ	Ճ	Ջ	Ա	Լ	Ա	Յ	Գ	Կ
Ժ	Ն	Ճ	Ս	Թ	Պ	Դ	Ց	Կ	Բ	Հ	Ն	Ժ	Մ
Կ	Տ	Ո	Ւ	Ր	Ո	Տ	Չ	Կ	Խ	Ո	Տ	Ե	Փ
Ծ	Ա	Ղ	Ի	Կ	Լ	Թ	Ի	Ա	Կ	Ռ	Ւ	Զ	Ր
Բ	E	E	Հ	Ը	Ի	Ծ	Ս	E	Ժ	Ս	Կ	Շ	Զ
Ա	Ծ	Բ	A	Կ	Ն	Դ	Ա	Ջ	Գ	Ա	Հ	Տ	Ճ
Ս	Հ	Դ	Վ	Ո	Ց	Ա	Ն	Կ	Ա	Պ	Ա	Տ	Ի
Ը	Թ	Պ	Փ	Ո	Ց	Խ	Ք	Ջ	Լ	Փ	Է	Գ	Ե
Մ	Ո	Լ	Ա	Խ	Ո	Տ	Ե	Ր	Ի	Ր	Դ	Յ	Ց

ԴԱՋԳԱՀ
ԲՈՒՇ
ՑԱՆԿԱՊԱՏԻ
ԾԱՂԻԿ
ԱՎՏՈՏՆԱԿ
ԱՅԳԻ
ԽՈՏ
ԳՈՒԼՊԱՆԵՐ
ԼՃԱԿ
ՓՈՑԽ
ԹԻԱԿ
ՀՈՂ
ԿՏՈՒՐ
ՏՐԱՄՊՈԼԻՆ
ԾԱՌ
ՄՈԼԱԽՈՏԵՐԻ

80 - Birthday

P	Տ	Ծ	Ե	Ը	Օ	Ց	Ա	Ֆ	Ր	Ծ	Կ	Դ	Տ
Ճ	Ա	Ը	Ր	Ն	Հ	Ր	Ա	Վ	Ե	Ր	Ն	Ե	Ր
Լ	Ր	Խ	Ջ	Կ	Վ	Հ	Ա	Տ	Ո	Ւ	Կ	Բ	Ո
Ր	Ի	Ջ	Ա	Ե	Մ	Ե	Ծ	Ց	Ո	Ւ	Ր	Ա	Խ
Մ	Օ	Ր	Ն	Ր	Խ	Է	Ր	Ռ	Ո	Ց	Տ	Մ	Բ
Ո	Տ	Ս	Ի	Ն	K	Ժ	Տ	Ո	Ն	Ւ	Բ	Ւ	Ե
Մ	Մ	Ո	Կ	Ե	Ք	Ա	Ր	Տ	Ե	Ր	Յ	Չ	Ր
Ե	Թ	Վ	Ր	Ր	E	Մ	Օ	Ց	Ո	Ր	Է	Ց	Ի
Ր	Ա	Ո	Տ	Թ	Ժ	Ա	Մ	Ա	Ն	Ա	Կ	H	Տ
Մ	Լ	Ր	Փ	Փ	Ա	Ն	Դ	Լ	Ւ	Թ	Փ	Շ	Ա
P	Տ	Ե	Ր	Գ	Ք	Ց	E	Մ	Բ	Հ	Լ	Օ	Ս
Հ	P	Լ	P	Ժ	Շ	Ճ	Բ	K	Չ	Ք	Շ	Ժ	Ա
Ի	Մ	Ա	Ս	Տ	Ո	Ւ	Թ	Յ	Ո	Ւ	Ն	Տ	Ր
Ը	Խ	Ե	Ջ	Լ	Ւ	Ւ	Ի	Դ	A	Չ	Ը	Յ	Դ

ՏՈՐԹ
ՕՐԱՑՈՒՅՑ
ՄՈՄԵՐ
ՔԱՐՏԵՐ
ՏՈՆ
ՕՐ
ԸՆԿԵՐՆԵՐ
ԺԱՄԱՆՑ
ՆՎԵՐ
ՄԵԾ
ԵՐՋԱՆԻԿ
ՀՐԱՎԵՐՆԵՐ
ՈՒՐԱԽ
ԵՐԳ
ՀԱՏՈՒԿ
ԺԱՄԱՆԱԿ
ՍՈՎՈՐԵԼ
ԻՄԱՍՏՈՒԹՅՈՒՆ
ՏԱՐԻ
ԵՐԻՏԱՍԱՐԴ

81 - Beach

Ռ	Ր	Ք	Յ	A	Ռ	Ի	Ժ	Օ	A	Զ	Ռ	Ք	Ծ
Ե	Ե	Խ	Ե	Ծ	Ր	Ս	Ե	Ռ	Փ	H	Յ	Ս	Ո
Լ	Դ	Ք	Ո	Օ	Կ	Ա	Ր	Ճ	Ռ	Խ	Ձ	Ա	Վ
Ի	Տ	K	Ա	Վ	Ա	Զ	Յ	Բ	Ձ	Ս	Ժ	Ն	Ա
Ե	Ձ	Զ	Ր	Կ	Պ	Վ	Չ	Պ	Ի	Գ	Գ	Դ	Խ
Ֆ	Է	Ն	Ե	Ի	Ո	Զ	Ա	Լ	H	Չ	Ն	Ա	Ե
Ս	Ւ	Ծ	Ւ	Ա	Ւ	Չ	Ծ	Ո	Վ	Ր	Ա	Լ	Ց
Ե	Ա	H	H	Ն	Յ	Փ	Կ	Ղ	Զ	Ի	Վ	Ն	Գ
Ր	Փ	Յ	Դ	Ո	Տ	Փ	Ղ	Ա	Ռ	Ւ	Ա	Ե	Ե
Հ	Խ	Ի	Լ	Ս	Ջ	Պ	Ռ	Լ	Ւ	Ի	Կ	Ր	Տ
Ճ	Կ	K	Ն	Բ	Ծ	Ո	Վ	Ա	Ծ	Ո	Ց	Ձ	Ի
H	Յ	Դ	Ը	Հ	Ո	Վ	Ա	Ն	Ո	Ց	Կ	Է	Ն
Ց	Ճ	Տ	Ա	Ր	Ձ	Ա	Կ	Ո	Ւ	Ր	Դ	Օ	Հ
Ֆ	Շ	Ղ	Ը	Զ	K	K	Տ	Զ	Փ	Մ	Ց	Ը	Ք

ԿԱՊՈՒՅՏ
ՆԱՎԱԿ
ԱՓ
ԾՈՎԱԽԵՑԳԵՏԻՆ
ԿՂԶԻ
ԾՈՎԱԾՈՑ
ՕՎԿԻԱՆՈՍ
ՌԵԼԻԵՖ
ՍԱՅԼԲՈԱՏ
ԱՎԱԶ
ՍԱՆԴԱԼՆԵՐ
ԾՈՎ
ԱՐԵՒ
ԼՈՂԱԼ
ՍՐԲԻՉ
ՀՈՎԱՆՈՑ
ԱՐՁԱԿՈՒՐԴ

82 - Adjectives #1

Գ	Ե	Ղ	Ե	Ց	Ի	Կ	K	Մ	L	Փ	Ե	Բ	Է
Դ	Հ	Ա	Վ	Ա	Կ	Ն	Ո	Տ	Բ	Ա	Ր	Ա	Կ
Ա	Զ	Ն	Ի	Վ	Հ	Չ	Ց	Տ	Ռ	A	Ջ	Ց	Ժ
Ն	Ն	Ո	Ւ	Յ	Ն	Ա	Կ	Ա	Ն	Ե	Ա	Ա	Ա
Դ	Է	Ո	Ջ	Փ	Շ	Թ	Մ	Ք	Ծ	Ա	Ն	Ր	Մ
Ա	Կ	Չ	Ւ	K	Պ	L	Ո	Ւ	Ր	Ջ	Ի	Ձ	Ա
Ղ	Զ	Ա	Գ	Շ	Ր	Օ	Ղ	Ց	Ւ	Ր	Կ	Ա	Ն
Ն	Ո	Ճ	Ր	Ս	Ա	Է	Գ	Կ	Թ	Ց	Մ	Կ	Ա
Ը	Տ	Ւ	Ա	Ե	Ֆ	Բ	K	Տ	Ֆ	Շ	Ո	K	Կ
Շ	Ի	Տ	Վ	Ֆ	Ւ	Ը	Ո	Ղ	Ա	Պ	Ւ	P	Ա
Յ	Կ	Է	Ի	Շ	K	Ո	Ծ	Ւ	Ա	Կ	Թ	Չ	Կ
Հ	Օ	Ժ	Չ	Փ	Է	Ռ	Ր	Շ	Յ	P	Ա	Կ	Ի
Ա	Ռ	Ա	Տ	Ա	Ձ	Ե	Ռ	Ն	Ք	Ր	Պ	Ր	Ց
Գ	Ե	Ղ	Ա	Ր	Վ	Ե	Ս	Տ	Ա	Կ	Ա	Ն	Ֆ

ԲԱՑԱՐՁԱԿ
ՀԱՎԱԿՆՈՏ
ԱՆՈՒՇԱԲՈՒՅՐ
ԳԵՂԱՐՎԵՍՏԱԿԱՆ
ԳՐԱՎԻՉ
ԳԵՂԵՑԻԿ
ՄՈՒԹ
ԷԿԶՈՏԻԿ
ԱՌԱՏԱՁԵՌՆ
ԵՐՋԱՆԻԿ
ԾԱՆՐ
ՕԳՏԱԿԱՐ
ԱԶՆԻՎ
ՆՈՒՅՆԱԿԱՆ
ԿԱՐԵՒՈՐ
ԺԱՄԱՆԱԿԱԿԻՑ
ԼՈՒՐՋ
ԴԱՆԴԱՂ
ԲԱՐԱԿ

83 - Rainforest

Վ	Պ	Ա	Հ	Պ	Ա	Ն	Ո	Ւ	Մ	Մ	Ա	Ռ	Գ
Ե	Բ	Ն	Ո	Ւ	Թ	Յ	Ո	Ւ	Ն	Ա	Ր	Ճ	Ո
Ր	Ո	Բ	Տ	Պ	Բ	Ժ	Ղ	Դ	Է	Մ	Ժ	Ե	Յ
Ա	Ւ	Վ	Ե	Ձ	P	Օ	Օ	Մ	Ո	Ո	Ե	Բ	Ա
Կ	Ս	Ճ	Ս	Ս	H	Ք	Ֆ	Ի	Պ	Ւ	Ք	Ը	Տ
Ա	Ա	Յ	Ա	Յ	Է	Ա	Հ	Ջ	Է	Ռ	Ա	Թ	Ե
Ն	Ն	Բ	Կ	Կ	Ջ	Պ	Ը	Ա	Ձ	Մ	Վ	Ռ	Ւ
Գ	Ի	Ա	Ն	Լ	Ձ	Ա	Զ	Տ	Ր	Լ	Ո	Չ	Ո
Ն	Կ	Մ	Ե	Ի	Ա	Ս	Ն	Ն	Ո	Գ	Ր	Ո	Ւ
Ո	Ա	Պ	Ր	Մ	Կ	Տ	Ր	Ե	Տ	Ա	Ա	Ւ	Մ
Ւ	Կ	Ե	Շ	Ա	Ո	Ա	Օ	Ր	Ծ	H	Դ	Ն	Վ
Մ	Ա	Ր	Ծ	Խ	Շ	Ն	Հ	Ա	Մ	Ա	Յ	Ն	Ք
Ճ	Ն	Ջ	Ո	Ւ	Ն	Գ	Լ	Ի	Ճ	Ե	Ջ	Ե	P
Կ	Ա	Թ	Ն	Ա	Ս	Ո	Ւ	Ն	Ն	Ե	Ր	Ր	Յ

ԹՌՉՈՒՆՆԵՐ
ԲՈՒՍԱՆԻԿԱԿԱՆ
ԿԼԻՄԱ
ԱՄՊԵՐ
ՀԱՄԱՅՆՔ
ԲՆԻԿ
ՄԻՋԱՏՆԵՐ
ՋՈՒՆԳԼԻ
ԿԱԹՆԱՍՈՒՆՆԵՐ
ՄԱՄՈՒՌ
ԲՆՈՒԹՅՈՒՆ
ՊԱՀՊԱՆՈՒՄ
ԱՊԱՍՏԱՆ
ՀԱՐԳԱՆՔ
ՎԵՐԱԿԱՆԳՆՈՒՄ
ՏԵՍԱԿՆԵՐ
ԳՈՅԱՏԵՎՈՒՄ
ԱՐԺԵՔԱՎՈՐ

84 - Technology

Տ	Ց	Ո	Ւ	Ց	Ի	Չ	Ն	Ֆ	Ռ	K	Ւ	Հ	Բ
Ի	Ե	Կ	Տ	Ք	Ֆ	Շ	Ք	Է	Ռ	Թ	Մ	Ա	Ր
Ց	Ն	Ս	Ֆ	Ա	Յ	Լ	Մ	Խ	Կ	Թ	Լ	Մ	Ա
Պ	K	Տ	Ա	Ս	Թ	Ջ	Յ	Յ	Չ	Վ	P	Ա	Ո
Վ	Տ	Ճ	Ե	Խ	Ո	Ճ	Մ	Ժ	Չ	Ա	Գ	Կ	Ւ
Պ	K	Դ	Ր	Ր	Ց	Կ	Ղ	Ա	Ւ	Յ	Վ	Ա	Չ
Թ	Ծ	Խ	Բ	Գ	Ն	Ի	Ծ	Բ	Ղ	Ի	Վ	Ր	Ե
Ր	Ա	Ծ	Ի	Ը	Ծ	Ե	Կ	A	Ա	Ն	Ի	Գ	Ր
Է	Կ	Ր	Ա	Ն	Ւ	Ք	Տ	Բ	Խ	Յ	Ր	Ի	Բ
Ժ	Տ	Ա	Ռ	Ա	Տ	Ե	Ս	Ա	Կ	Ո	Տ	Չ	Լ
Չ	Ւ	Գ	Տ	Վ	Յ	Ա	Լ	Ն	Ե	Ր	Ո	O	Ո
Վ	Ի	Ր	Ո	Ւ	Ս	Ղ	A	Կ	Ր	Ս	Ւ	P	Գ
Ս	Չ	Ե	K	P	Ռ	A	Գ	Բ	Ղ	Դ	Ա	Ս	Ը
Ը	Լ	Ր	Ծ	Խ	Ա	A	Ղ	Է	H	Ս	Լ	Ջ	Բ

ԲԼՈԳ
ԲՐԱՈՒԶԵՐ
ԲԱՅՏ
ՏԵՍԱԽՑԻԿ
ՀԱՄԱԿԱՐԳԻՉ
ՑՈՒՑԻՉ
ՏՎՅԱԼՆԵՐ
ԹՎԱՅԻՆ
ՖԱՅԼ
ՏԱՌԱՏԵՍԱԿ
ԻՆՏԵՐՆԵՏ
ԷԿՐԱՆ
ԾՐԱԳՐԵՐ
ՎԻՐՏՈՒԱԼ
ՎԻՐՈՒՍ

85 - Landscapes

Ռ	Տ	Ա	Յ	Ս	Բ	Ե	Ր	Գ	Չ	Ն	Թ	Տ	Ջ
Լ	Ո	Ղ	Ա	Փ	Ը	Ք	K	Ն	Է	Հ	Լ	Հ	Վ
Ջ	Ւ	Կ	Չ	Բ	Ջ	Ր	Վ	Ե	Ժ	H	A	Ծ	Թ
Ձ	Ն	Հ	Ը	Լ	Օ	Վ	Կ	Ի	Ա	Ն	Ո	Ս	Թ
Հ	Դ	Ռ	Ի	Ր	Ռ	Գ	Ե	Տ	Ք	Ա	P	Ծ	Ե
Ս	Ր	E	Թ	Ի	Լ	Ե	Ռ	Ճ	Ա	Հ	Ի	Ճ	Ր
H	Ա	Ա	E	Ց	Ի	Յ	Լ	Հ	Ր	Հ	Ա	Ժ	Ա
Ա	Ծ	Ռ	Բ	Ծ	Ճ	Զ	Ս	Ք	Ա	Ո	Կ	Մ	Կ
Տ	Ո	Տ	Ց	Ո	Խ	Ե	Փ	Ա	Ն	Վ	Ե	K	Ղ
Օ	Վ	Վ	Պ	Ա	Ւ	Ր	Ը	Ե	Ձ	Ի	Է	Ց	Զ
Բ	Ա	Խ	Ջ	Պ	Դ	Խ	A	Ր	Ա	Տ	Է	Թ	Ի
Կ	Ղ	Զ	Ի	Չ	Հ	Ա	Ճ	Շ	Վ	H	Հ	Ւ	Բ
Գ	Է	Ջ	Ի	Ծ	Ա	Մ	Շ	Ա	Ն	Ա	Պ	Ա	Տ
A	Շ	Ի	Զ	Ս	A	Ծ	K	Տ	Ը	Ձ	Ը	Է	Ռ

ԼՈՂԱՓ
ՔԱՐԱՆՁԱՎ
ԱՆԱՊԱՏ
ԳԵՅԶԵՐ
ՍԱՌՑԱԴԱՇՏ
ԲԼՐԻ
ԱՅՍԲԵՐԳ
ԿՂԶԻ
ԼԻՃ
ԼԵՌ
ՕԱԶԻՍ
ՕՎԿԻԱՆՈՍ
ԹԵՐԱԿՂԶԻ
ԳԵՏ
ԾՈՎ
ՃԱՀԻՃ
ՏՈՒՆԴՐԱ
ՀՈՎԻՏ
ՀՐԱԲՈՒԽ
ՋՐՎԵԺ

86 - Visual Arts

Յ	Ր	Պ	Լ	Ժ	Ֆ	Փ	Ւ	K	Չ	Կ	Ւ	Օ	Խ
Ց	Է	Ա	Ո	Ժ	Փ	Ի	Ը	Ֆ	Մ	Ա	Տ	Ի	Տ
Է	Է	Տ	Ւ	Շ	Ա	Բ	Լ	Ո	Ն	Վ	Լ	Ա	Ք
Գ	Օ	Կ	Ս	Մ	Յ	Վ	Գ	Մ	Ո	Ի	Ա	Լ	Ժ
A	Ղ	Ե	Ա	Ն	Տ	Հ	Չ	Ծ	Թ	Ճ	Դ	Շ	Ո
E	Ո	Ր	Ն	Կ	Ա	Կ	Ե	Ր	Ա	Մ	Ի	Կ	Ա
Գ	Ճ	Է	Կ	Ա	Ծ	Խ	Վ	Ռ	Ք	E	Մ	Ք	Ի
Լ	Ր	Է	Ա	Ր	Ո	Կ	Ա	Վ	Ա	Ը	Ա	Ա	Ն
Ձ	Տ	Ի	Ր	Ի	Ւ	Մ	Ո	Մ	Խ	Ն	Ն	Ն	Կ
Հ	Ճ	Ճ	Չ	Չ	Խ	Կ	Ա	Զ	Մ	Ը	Կ	Դ	Ա
Գ	Լ	Ո	Ւ	Խ	Գ	Ո	Ր	Ծ	Ո	Ց	Ա	Ա	Ր
Ց	Ղ	Յ	Ա	Թ	Ո	Չ	Մ	Վ	E	Ւ	Ր	Կ	Ր
Ղ	Զ	Կ	Տ	Զ	Օ	Ղ	Ն	Գ	Կ	Ֆ	Յ	Ի	A
Խ	Շ	Ռ	Ւ	Տ	Պ	Ե	P	Խ	Ը	Ֆ	Ժ	Զ	Փ

ՆԿԱՐԻՉ
ԿԵՐԱՄԻԿԱ
ԿԱՎԻՃ
ՓԱՅՏԱԾՈՒԽ
ԿԱՎ
ԿԱԶՄԸ
ՊԱՏԿԵՐ
ՖԻԼՄ
ԳԼՈՒԽԳՈՐԾՈՑ
ՆԿԱՐ
ԳՐԻՉ
ՄԱՏԻՏ
ՀԵՌԱՆԿԱՐ
ԼՈՒՍԱՆԿԱՐ
ԴԻՄԱՆԿԱՐ
ՔԱՆԴԱԿ
ՇԱԲԼՈՆ
ԼԱՔ
ՄՈՄ

87 - Plants

Ծ	Բ	Վ	Տ	Ն	Վ	Տ	Ա	Ա	Յ	Գ	Ի	Թ	Ճ
Ֆ	Տ	Ե	Ծ	Տ	Գ	Ե	Ր	Ն	Լ	Ա	Հ	Ե	Շ
Պ	Ս	Թ	Ս	Բ	Ջ	Ր	Ե	Տ	K	Հ	Ճ	Ր	Ը
Բ	Ա	Մ	Բ	Ո	Ո	Ե	Ւ	Ա	Օ	Ի	Գ	Ե	Լ
Ֆ	Ղ	Ր	Մ	Ր	P	Ւ	Ի	Ռ	Լ	Մ	Օ	Ս	Լ
Հ	Ա	Տ	Ա	Պ	Տ	Ո	Ւ	Ղ	Խ	Ք	Ձ	E	Յ
Մ	Ր	Տ	Մ	Ր	Խ	Լ	Ձ	Ն	Ո	Ջ	Ն	Գ	Ձ
Դ	Թ	H	Ո	Օ	Տ	Կ	Ա	Կ	Տ	Ո	Ւ	Ս	Շ
Մ	Կ	Փ	Ւ	Ա	Բ	Ա	Ն	P	Լ	Լ	Լ	Օ	Շ
Փ	Տ	Ա	Ռ	Ր	Ց	Ո	Ն	Տ	Փ	Ո	Մ	Ռ	P
Գ	Ի	Ո	Օ	Մ	Ռ	Օ	Ւ	Յ	Շ	Բ	Ծ	Ա	Ռ
Ֆ	Լ	Ո	Ր	Ա	Բ	Ն	Տ	Շ	Ո	Ի	Ժ	Դ	P
Է	Ա	Ֆ	Ո	Տ	Ծ	Ա	Ղ	Ի	Կ	Ւ	Շ	P	Վ
Խ	Ձ	Ց	Ձ	Ե	Ճ	Ն	Շ	Խ	Հ	Վ	Թ	Ռ	Ջ

ԲԱՄԲՈՈ
ԼՈԲԻ
ՀԱՏԱՊՏՈՒՂ
ԲՈՒՇ
ԿԱԿՏՈՒՍ
ՊԱՐԱՐՏԱՆՅՈՒԹ
ՖԼՈՐԱ
ԾԱՂԻԿ
ՍԱՂԱՐԹ
ԱՆՏԱՌ

ԱՅԳԻ
ԽՈՏ
ԱՃԵԼ
ՏԵՐԵՒ
ՄԱՄՈՒՌ
ԹԵՐ
ԱՐՄԱՏ
ՀԻՄՔ
ԱՐԵՒ
ԾԱՌ

88 - Countries #2

Գ	Տ	Խ	Փ	Ճ	Ա	P	Պ	Լ	P	Ը	Ս	Լ	Ճ
Ս	Լ	Տ	Մ	Ա	Շ	Հ	Ա	Ի	Թ	Ի	Ի	Ի	Չ
Տ	Պ	E	Է	Պ	Տ	Ը	Կ	Բ	H	Ք	Ր	Բ	Փ
Բ	Ֆ	Ե	Թ	Ո	Վ	Պ	Ի	Ա	Բ	Ո	Ի	Ե	H
Ա	Լ	Բ	Ա	Ն	Ի	Ա	Ս	Ն	A	Ձ	Ա	Ր	Ռ
Ն	Ն	Չ	Յ	Ի	Լ	Տ	Տ	Ա	Ւ	Խ	Դ	Ի	Ո
Ջ	Ե	Ի	Թ	Ա	Ջ	Դ	Ա	Ն	Ի	Ա	Լ	Ա	Ւ
Ա	Ա	Պ	Գ	Ջ	Ծ	Ր	Ն	Բ	Ր	Բ	Ռ	O	Ս
Մ	Բ	Փ	Ա	Ե	P	Հ	Մ	Ե	Ք	Ս	Ի	Կ	Ա
Ա	Ո	Ր	Է	Լ	Ր	Ո	Ւ	Գ	Ա	Ն	Դ	Ա	Ս
Յ	Ս	Ո	Մ	Ա	Լ	Ի	Չ	Լ	Թ	Խ	Կ	H	Տ
Կ	Ս	Ո	Ւ	Դ	Ա	Ն	Ա	Դ	Ա	Ռ	Ճ	H	Ա
Ա	Հ	Ո	Ւ	Ն	Ա	Ս	Տ	Ա	Ն	Ո	Ա	Ձ	Ն
Ո	Ւ	Կ	Ր	Ա	Ի	Ն	Ա	Ժ	Ղ	H	Ս	O	Ժ

ԱԼԲԱՆԻԱ
ԴԱՆԻԱ
ԵԹՈՎՊԻԱ
ՀՈՒՆԱՍՏԱՆ
ՀԱԻԹԻ
ՋԱՄԱՅԿԱ
ՃԱՊՈՆԻԱ
ԼԱՈՍ
ԼԻԲԱՆԱՆ
ԼԻԲԵՐԻԱ
ՄԵՔՍԻԿԱ
ՆԵՊԱԼ
ՆԻԳԵՐԻԱ
ՊԱԿԻՍՏԱՆ
ՌՈՒՍԱՍՏԱՆ
ՍՈՄԱԼԻ
ՍՈՒԴԱՆ
ՍԻՐԻԱ
ՈՒԳԱՆԴԱ
ՈՒԿՐԱԻՆԱ

89 - Ecology

Ռ	Հ	Գ	Կ	Լ	Ի	Մ	Ա	A	Ի	Ե	Բ	Ք	Բ
Վ	Ա	Ո	Ա	Ֆ	Բ	Լ	Ե	Ռ	Ն	Ե	Ր	Ա	Խ
Շ	Մ	Յ	Յ	Ր	Ղ	Ն	Ջ	Ո	Թ	Մ	Ց	Կ	Ե
Ծ	Ա	Ա	Ո	Ղ	Գ	Լ	Ո	Բ	Ա	Լ	Վ	Ղ	O
Ո	Յ	S	Ւ	S	Գ	Բ	Ա	Ւ	Ռ	K	Ա	Դ	Վ
Վ	Ն	Ե	Ն	Ե	Ձ	Ս	Ձ	Բ	Թ	Գ	K	Ի	Ե
Ա	Ք	Ւ	Ր	Ս	Գ	Ճ	Շ	Ը	Ն	Յ	O	Է	Պ
Յ	Ն	Ո	Ֆ	Ա	Ո	Ւ	Ն	Ա	Հ	Ա	Ո	Փ	Ճ
Ի	Ե	Ւ	Բ	Կ	Շ	Ֆ	Լ	Ո	Ր	Ա	Կ	Ւ	Չ
Ն	Ր	Մ	Դ	Ն	Ւ	S	E	Ա	Ց	Ժ	Կ	Ա	Ն
Բ	P	Խ	Լ	Ե	Բ	Ո	Ւ	Յ	Ս	Ե	Ր	Ժ	Ն
E	K	P	Ճ	Ր	Ւ	Հ	Ո	Վ	E	Ղ	Վ	Լ	Վ
Ջ	Ճ	Ա	Հ	Ի	Ճ	Ց	Ծ	Չ	Ի	Ի	Ծ	Ա	Ք
Գ	Ե	Ռ	Ե	Ս	Ո	Ւ	Ր	Ս	Ն	Ե	Ր	Ձ	Թ

ԿԼԻՄԱ
ՀԱՄԱՅՆՔՆԵՐ
ԵՐԱՇՏ
ՖԱՈՒՆԱ
ՖԼՈՐԱ
ԳԼՈԲԱԼ
ԾՈՎԱՅԻՆ
ՃԱՀԻՃ
ԼԵՌՆԵՐ
ԲՆԱԿԱՆ
ԲՆՈՒԹՅՈՒՆ
ԲՈՒՅՍԵՐ
ՌԵՍՈՒՐՍՆԵՐ
ՏԵՍԱԿՆԵՐ
ԳՈՅԱՏԵՒՈՒՄ
ԿԱՅՈՒՆ

90 - Adjectives #2

Չ	Ա	Ր	Դ	Յ	Ո	Ւ	Ն	Ա	Վ	Ե	Տ	Բ	Օ
K	Ո	Ն	Ո	Ր	Մ	Ա	Լ	Հ	Ա	Յ	Տ	Ն	Ի
Ի	A	Ր	Ս	Ճ	Հ	Պ	Ա	Ր	Տ	Չ	Ր	Ա	Վ
Շ	Ն	Ո	Ր	Հ	Ա	Լ	Ի	Ռ	Ս	Ն	Ա	Կ	Ա
Հ	Ճ	E	Ւ	H	E	Ձ	Ա	Զ	Ո	Թ	Ի	Ա	Յ
Բ	Ճ	Դ	Չ	Ժ	Զ	Գ	Ժ	Ղ	Վ	Ղ	Լ	Ն	Ր
Պ	Դ	Ր	Վ	Կ	Ե	Չ	Ա	H	Ա	H	Ջ	Ւ	Ի
Խ	Տ	Ա	Կ	Ն	Ծ	Ղ	Մ	Կ	Ծ	Ք	Ղ	Ռ	Ե
Ա	Ա	Մ	Զ	Ո	Վ	Ա	Վ	Ե	Ր	Ա	Կ	Ա	Ն
Ղ	Ք	Ա	Ք	Ր	Հ	Ե	Տ	Ա	Ք	Ր	Ք	Ի	Ր
Ի	K	Տ	Ն	Կ	Ա	Ր	Ա	Գ	Ր	Ա	Կ	Ա	Ն
Ն	Հ	Ի	Կ	Բ	Մ	Ւ	Շ	Կ	Φ	A	Դ	Ւ	Ո
Ք	Ն	Կ	Ո	Տ	Ք	Լ	H	Ծ	Ո	Ձ	E	Ր	Ք
Պ	Ա	Տ	Ա	Ս	Խ	Ա	Ն	Ա	Տ	Ո	Ւ	Ձ	Ե

ՎԱՎԵՐԱԿԱՆ
ՆԿԱՐԱԳՐԱԿԱՆ
ԴՐԱՄԱՏԻԿ
ՉՈՐ
ՀԱՅՏՆԻ
ՇՆՈՐՀԱԼԻ
ԱՌՈՂՋ
ՏԱՔ
ՍՈՎԱԾ
ՀԵՏԱՔՐՔԻՐ
ԲՆԱԿԱՆ
ՆՈՐ
ՆՈՐՄԱԼ
ԱՐԴՅՈՒՆԱՎԵՏ
ՀՊԱՐՏ
ՊԱՏԱՍԽԱՆԱՏՈՒ
ԱՂԻ
ՔՆԿՈՏ
ՈՒԺԵՂ
ՎԱՅՐԻ

91 - Math

Ե	Ա	Զ	Ո	Ձ	Է	Ո	Ծ	Գ	Ս	Ծ	Թ	Բ	Կ
Ք	Ռ	Ն	Ձ	Հ	Ք	Լ	Ա	Ո	Ի	Թ	Վ	Ե	Ր
P	Ա	Ա	Կ	Ձ	Զ	Ո	Վ	Ւ	Մ	Մ	Ա	Հ	A
Շ	Չ	Ռ	Ն	Յ	Լ	Ր	Ա	Մ	Ե	Տ	Բ	Ա	Բ
Խ	Ղ	Չ	Ա	Կ	Ո	Տ	Լ	Ա	Տ	Ր	Ա	Վ	Ն
Է	Մ	Զ	Ի	Կ	Յ	Ւ	Ը	Ր	Ր	Ռ	Ն	Ա	A
Ֆ	Ա	Գ	Չ	Ք	Ո	Ո	Ն	Փ	Ի	Ս	Ո	Ս	Պ
O	Ս	Վ	Չ	H	Մ	Ւ	Ւ	Ն	Ա	Ռ	Ւ	Ա	Ր
Պ	Ո	Լ	Ի	Գ	Ո	Ն	Ս	Ն	Ե	Ծ	Թ	Ր	Ի
Զ	Ո	Ւ	Գ	Ա	Հ	Ե	Ռ	Ի	Ի	Ր	Յ	Ո	Մ
Տ	Ա	Ս	Ն	Ո	Ր	Դ	Ա	Կ	Ա	Ն	Ո	Ւ	Ե
Ի	Տ	Ր	Ա	Մ	Ա	Գ	Ի	Ծ	Ս	Ւ	Ւ	Մ	Տ
Է	Ք	Ս	Պ	Ո	Ն	Ե	Ն	Տ	Ձ	Է	Ն	E	Ր
Շ	Ր	Ջ	Ա	Պ	Ա	Տ	Յ	Կ	Վ	Կ	Ճ	O	Վ

ԱՆԿՅՈՒՆՆԵՐ
ԹՎԱԲԱՆՈՒԹՅՈՒՆ
ՇՐՋԱՊԱՏ
ՏԱՍՆՈՐԴԱԿԱՆ
ՏՐԱՄԱԳԻԾ
ՀԱՎԱՍԱՐՈՒՄ
ԷՔՍՊՈՆԵՆՏ
ՄԱՍ
ԹՎԵՐ
ԶՈՒԳԱՀԵՌ
ՊՐԻՄԵՏՐ
ՊՈԼԻԳՈՆ
ՈԼՈՐՏ
ՔԱՌԱԿՈՒՍԻ
ԳՈՒՄԱՐ
ՍԻՄԵՏՐԻԱ
ԵՌԱՆԿՅՈՒՆԻ
ԾԱՎԱԼԸ

92 - Water

Ս	Տ	Ֆ	H	Զ	Ո	Ի	Փ	Ո	Թ	Ո	Ր	Ի	Կ
Ֆ	Ա	Ց	Ն	Ց	Ո	Ւ	Ղ	Ռ	Վ	Զ	Գ	Գ	Գ
Ժ	Խ	Ռ	Չ	Խ	Ճ	Շ	Խ	Ո	A	Ց	Ջ	Ո	Ե
Ւ	Շ	Ո	Ն	Ս	Ֆ	Ռ	Թ	Գ	Ե	Տ	Ր	L	Յ
Կ	Ջ	Բ	Ւ	Ա	Կ	Ք	Խ	Ո	Հ	Մ	Հ	Ո	Զ
K	Ի	Գ	L	Ե	Մ	Օ	Ս	Ւ	Է	Ո	Ե	Ր	Ե
Ա	E	Զ	Խ	Ւ	Ֆ	Ա	Ո	Մ	Ա	Ւ	Ղ	Շ	Ր
L	Ն	Ս	Դ	Ը	Ֆ	Փ	Ն	Չ	Ս	Ս	Ե	Ի	Հ
Յ	Ր	Ձ	Ա	Փ	Ո	H	Չ	Ի	Ց	Ո	Ղ	Ա	Ֆ
Յ	Գ	Ա	Ր	Ռ	Զ	Չ	Կ	Ա	Ք	Ն	H	Ց	Է
Ջ	Ֆ	Ձ	Ո	Ե	Ո	Օ	Վ	Կ	Ի	Ա	Ն	Ո	Ս
L	Ի	Ճ	Ճ	Շ	Ւ	Ւ	Չ	Պ	Վ	Դ	Ն	Ւ	Ը
Զ	K	Չ	Զ	Ղ	Յ	Ձ	Յ	Ո	Ւ	Ն	P	Մ	Ջ
Խ	Վ	Ջ	Ձ	Յ	Գ	Մ	Ո	Ց	Կ	Ծ	Ղ	Ձ	A

ԳՈԼՈՐՇԻԱՑՈՒՄ
ՋՐՀԵՂԵՂ
ՍԱՌՆԱՄԱՆԻՔ
ԳԵՅԶԵՐ
ՓՈԹՈՐԻԿ
ՍԱՌՈՒՅՑ
ՈՌՈԳՈՒՄ
ԼԻՃ
ՄՈՒՍՈՆ
ՕՎԿԻԱՆՈՍ
ԱՆՁՐԵՒ
ԳԵՏ
ՑՆՑՈՒՂ
ՁՅՈՒՆ
ԶՈՒՅԳ

93 - Activities

Ո	Տ	Ը	Կ	Ա	Խ	Ա	Ր	Դ	Ա	Կ	Ա	Ն	Ե
Ր	Ա	Ղ	Ն	Պ	Ա	Ր	Ո	Փ	Լ	Ե	Կ	Կ	E
Ս	Ր	Ռ	Ջ	Թ	Կ	Ր	Ժ	Տ	Ա	Ր	Շ	Ա	Վ
H	Հ	Դ	Կ	Յ	Ե	Լ	Ւ	Ծ	Ծ	Ա	Չ	Ր	Հ
Ց	Ե	Շ	Ւ	Խ	Ո	Ր	Թ	Է	Ղ	Մ	H	Չ	Հ
E	Ս	Ա	Ք	O	E	Թ	Ց	Բ	K	Ի	Ժ	Ո	Խ
A	Տ	Հ	Պ	Հ	Փ	Է	Թ	Ո	Ճ	Կ	Չ	Ւ	Ն
Ր	Ն	Ե	Ա	Ր	Վ	Ե	Ս	Տ	Ւ	Ա	O	Թ	Պ
Պ	Ե	Ր	Մ	Ձ	Կ	Ն	Ո	Ր	Ս	Մ	Ս	Յ	Ե
Կ	Ր	Ը	Թ	Ո	Ւ	Լ	Ա	Ց	Ո	Ւ	Մ	Ո	Ս
Հ	Ա	Ճ	Ո	Ւ	Յ	Ք	Է	Ծ	Շ	Ջ	A	Ւ	Կ
Ի	Բ	Ր	O	Է	Ծ	Դ	Ւ	Ը	Ք	Կ	Չ	Ն	Թ
Ի	Գ	Է	Ի	Հ	Մ	Տ	Ո	Ւ	Թ	Յ	Ո	Ւ	Ն
Մ	Մ	Պ	Խ	Ա	Ղ	Ե	Ր	Պ	Ց	Պ	Ւ	H	Դ

ԱՐՎԵՍՏ
ԱՐՇԱՎ
ԿԵՐԱՄԻԿԱ
ԱՐՀԵՍՏՆԵՐ
ՊԱՐ
ՁԿՆՈՐՍ
ԽԱՂԵՐ
ՈՐՍ

ՇԱՀԵՐԸ
ԿԱԽԱՐԴԱԿԱՆ
ՆԿԱՐՉՈՒԹՅՈՒՆ
ՀԱՃՈՒՅՔ
ԸՆԹԵՐՑՈՒՄ
ԹՈՒԼԱՑՈՒՄ
ԿԱՐԻ
ՀՄՏՈՒԹՅՈՒՆ

94 - Literature

Գ	Ե	H	Ո	Տ	Շ	Ժ	Ե	Հ	E	Լ	Ձ	Ց	Բ
Ե	Ս	Ր	Ժ	Ճ	Կ	P	Ղ	Ե	Ե	Ը	Չ	Խ	Ա
Ղ	Ֆ	Ր	Կ	E	K	Ծ	Ֆ	Ղ	Ս	Է	Ր	Ի	Ն
Ա	Գ	Ծ	Ա	Խ	E	K	Ճ	Ի	H	Ս	Պ	Ը	Ա
Ր	P	Գ	Փ	K	Ո	Չ	Չ	Ն	P	P	Ջ	Դ	Ս
Վ	Ե	Պ	Ֆ	Ղ	H	Ս	A	Ա	Ո	Կ	Ս	Ո	Տ
Ե	Ա	Ի	Ղ	Ջ	Ս	H	Ո	Կ	Յ	Է	Չ	Ժ	Ե
Ս	Ն	Ե	Հ	Ժ	Ս	Ի	Դ	Ւ	Թ	Ե	Մ	Ա	Ղ
Տ	Ա	Պ	Ա	Տ	Մ	Ո	Ղ	Կ	Թ	Ջ	Ւ	Ն	Ծ
Ա	Լ	Ծ	Ն	Ը	Ռ	Յ	Ւ	Ա	Կ	Յ	Ղ	Ր	Ա
Կ	Ո	Է	Գ	Պ	Գ	Խ	Ճ	Ր	Ը	Ն	Ո	Մ	Կ
Ա	Գ	P	Ճ	Շ	K	Ր	A	Ծ	Ծ	Չ	Ծ	Ւ	Ա
Ն	Ի	Բ	Ւ	Գ	Պ	Ն	Ռ	Ի	Թ	Մ	Դ	Տ	Ն
E	Ա	Ն	Ե	Կ	Դ	Ո	Տ	Ք	E	Ս	Փ	Տ	Ի

ԱՆԱԼՈԳԻԱ
ԱՆԵԿԴՈՏ
ՀԵՂԻՆԱԿ
ԵՐԿԽՈՍՈՒԹՅՈՒՆ
ԳԵՂԱՐՎԵՍՏԱԿԱՆ
ԺԱՆՐ
ՊԱՏՄՈՂ
ՎԵՊ
ԿԱՐԾԻՔ
ԲԱՆԱՍՏԵՂԾԱԿԱՆ
ՀԱՆԳ
ՌԻԹՄ
ՈՃ
ԹԵՄԱ

95 - Geography

Ա	Տ	Լ	Ա	Ս	A	Է	Ֆ	A	Լ	Գ	Ո	Մ	Լ
Հ	Յ	Ո	Ւ	Ս	Ի	Ս	Պ	Լ	Գ	Ե	Տ	Թ	Ա
Օ	Վ	Կ	Ի	Ա	Ն	Ո	Ս	Փ	A	Ր	Ռ	Ւ	Յ
Ա	Շ	Խ	Ա	Ր	Հ	Վ	Դ	Բ	P	Կ	Բ	Ւ	Ն
Ք	H	Ն	Հ	Փ	Ր	Դ	Ը	Ն	Շ	Ի	Ե	Ջ	Ո
Ա	Շ	Խ	Ա	Ր	Հ	Ա	Մ	Ա	Ս	Ր	Ք	K	Ւ
Ղ	Շ	Ա	Ր	Մ	Ե	Ր	Ի	Դ	Ի	Ա	Ն	Յ	Թ
Ա	Փ	Տ	Ա	Ր	Ա	Ծ	Ա	Շ	Ր	Ջ	Ա	Ն	Յ
Ք	Է	Փ	Վ	Կ	Ի	Ս	Ա	Գ	Ո	Ւ	Ն	Դ	Ո
Բ	Ա	Ր	Ձ	Ր	Ո	Ւ	Թ	Յ	Ո	Ւ	Ն	Ը	Ւ
Զ	Ա	Ր	Ե	Ւ	Մ	Ո	Ւ	Տ	Ք	Փ	Դ	Տ	Ն
Ւ	Հ	Ա	Տ	Տ	Ա	Ր	Ա	Ծ	Ք	Զ	Յ	Պ	Է
Ք	A	Ժ	Դ	Ե	Փ	H	Լ	Ո	Ո	Ֆ	Ե	Տ	Փ
Ջ	Ե	Ք	Կ	Ղ	Զ	Ի	K	Կ	Ճ	Վ	Ռ	A	Ս

ԲԱՐՁՐՈՒԹՅՈՒՆԸ
ԱՏԼԱՍ
ՔԱՂԱՔ
ԱՇԽԱՐՀԱՄԱՍ
ԵՐԿԻՐ
ԿԻՍԱԳՈՒՆԴ
ԿՂԶԻ
ԼԱՅՆՈՒԹՅՈՒՆ
ՔԱՐՏԵԶ
ՄԵՐԻԴԻԱՆ
ԼԵՌ
ՀՅՈՒՍԻՍ
ՕՎԿԻԱՆՈՍ
ՏԱՐԱԾԱՇՐՋԱՆ
ԳԵՏ
ԾՈՎ
ՀԱՐԱՎ
ՏԱՐԱԾՔ
ԱՐԵՒՄՈՒՏՔ
ԱՇԽԱՐՀ

96 - Vacation #1

Ե	Բ	Ձ	Մ	Ե	Կ	Ն	Ո	Ւ	Մ	Ա	Ր	Է	Բ
Ծ	Ր	Ք	Վ	Ա	Վ	Ճ	Ա	Մ	Պ	Ր	Ո	Ւ	Կ
Ա	Հ	Թ	Զ	Չ	Ք	Չ	Գ	Ա	Պ	Ժ	E	Ր	Փ
Ր	Ո	Ժ	Ո	Վ	Դ	Ս	Ն	Կ	Է	Ո	Մ	Գ	Թ
Շ	Վ	Ղ	Տ	Ւ	Ս	Պ	Ա	Յ	Ո	Ւ	Ս	Ա	Կ
Ա	Ա	K	Լ	Ո	Ղ	Ա	Լ	Յ	A	Յ	Ն	Ք	Թ
Վ	Ն	Մ	Ի	Ջ	Ւ	Ի	H	Շ	Ի	Թ	Մ	Զ	Ա
Ա	Ո	Չ	Ճ	Ի	E	Ր	Լ	E	Ց	Ն	Կ	Գ	Ն
Խ	Ց	Շ	Ղ	Ք	Պ	Ն	Ի	Ւ	Ե	Ո	Մ	Ց	Գ
Մ	Ե	Ք	Ե	Ն	Ա	A	Պ	Ս	Տ	Ո	Մ	Ս	Ա
Բ	Ի	Ն	Ք	Ն	Ա	Թ	Ի	Ռ	Տ	Ր	Չ	Թ	Ր
Ի	Ռ	Ձ	Հ	Ն	Ժ	Կ	Է	Վ	Թ	Ց	Ճ	Կ	Ա
Խ	Վ	Ո	Կ	Ւ	Ո	Տ	Ր	Ա	Մ	Վ	Ա	Յ	Ն
Թ	Ո	Ւ	Լ	Ա	Ց	Ո	Ւ	Մ	E	A	E	Ձ	Զ

ԻՆՔՆԱԹԻՌ
ՊԱՅՈՒՍԱԿ
ՄԵՔԵՆԱ
ԱՐԺՈՒՅԹ
ՄԱՔՍԱՅԻՆ
ՄԵԿՆՈՒՄ
ԱՐՇԱՎԱԽՄԲԻ
ԵՐԹՈՒՂԻ
ԼԻՃ
ԹԱՆԳԱՐԱՆ
ԹՈՒԼԱՑՈՒՄ
ՃԱՄՊՐՈՒԿ
ՏՈՄՍ
ԳՆԱԼ
ԼՈՂԱԼ
ՏՈՒՐԻՍՏ
ՏՐԱՄՎԱՅ
ՀՈՎԱՆՈՑ

97 - Pets

Մ	Է	Ք	Ի	Յ	Ձ	Չ	Ռ	K	O	Կ	Ն	Ե	Յ
Ո	Ո	Ց	Տ	Ճ	Շ	Վ	Ճ	Ս	Ր	Ջ	Ո	Ւ	Ր
Ղ	Ն	Ւ	Բ	Ե	Ֆ	Մ	Ա	Ն	Յ	Ա	Կ	Վ	L
Ե	Ա	Գ	Կ	Ի	Ը	H	Ն	Ղ	Ճ	Ն	Զ	Զ	E
Ս	Ն	H	Ա	Զ	A	Մ	Ա	Դ	Տ	Ա	O	Ռ	Ն
Ն	Ա	Կ	Տ	Գ	Ծ	Ք	Գ	Ե	Գ	L	Գ	Ծ	Շ
Հ	Ս	Տ	Ո	Ճ	Ճ	Ճ	Ր	Կ	A	Ա	Ջ	Ա	Թ
Ւ	Ն	Ր	Ւ	Զ	Ս	Ֆ	Ե	Ր	Հ	Կ	Ս	Յ	Ր
Հ	Ա	Մ	Ս	Տ	Ե	Ր	Ր	Ի	Շ	Ո	Ւ	Ն	Ս
Ֆ	Բ	Ց	Ռ	H	Բ	E	Ա	Ա	Պ	Տ	Դ	Ո	Ն
Պ	Ո	L	H	Ռ	Հ	A	Տ	Պ	Ա	Յ	Ծ	Ի	Ո
Փ	Ւ	Տ	Ի	Հ	Ի	Ն	Թ	Ո	Ւ	Թ	Ա	Կ	Ւ
Գ	Յ	Ղ	Տ	Կ	Է	H	Ֆ	Չ	Տ	H	Ճ	Փ	Ն
A	Ժ	Ղ	Ձ	Ո	Ւ	Կ	Մ	Ն	Դ	Ս	Յ	Յ	Դ

ԿԱՏՈՒ
ՃԱՆԱԳՐԵՐ
ՄԱՆՅԱԿ
ԿՈՎ
ՇՈՒՆ
ՁՈՒԿ
ՍՆՈՒՆԴ
ԱՅԾԻ
ՀԱՄՍՏԵՐ
ՄՈՂԵՍ
ՄՈՒԿ
ԹՈՒԹԱԿ
ԼԱԿՈՏ
ՃԱԳԱՐ
ՊՈՉ
ԿՐԻԱ
ԱՆԱՍՆԱԲՈՒՅԺ
ՋՈՒՐ

98 - Nature

Մ	Ա	Ռ	Ց	Ա	Դ	Ա	Ճ	Տ	Ծ	Կ	Դ	H	Ծ
Բ	Ր	Ն	Խ	Ք	Հ	E	Ղ	Ջ	Ճ	Ե	Ջ	K	Ժ
Խ	Ե	Թ	Ա	Թ	Մ	Ե	Ղ	Ո	Ւ	Ն	Ե	Ր	P
Դ	Ւ	Ծ	Ղ	Պ	Ռ	Ծ	Լ	Ի	Դ	Դ	Փ	Հ	Ճ
H	Ա	Ս	Ա	Ղ	Ա	Ր	Թ	P	Ց	Ա	Ղ	Ւ	Վ
Ֆ	Դ	Ն	Ղ	Ժ	Ն	Տ	Դ	Ք	Տ	Ն	Գ	Մ	Ա
Է	Ա	Տ	Ռ	P	Տ	Ո	Չ	Դ	Չ	Ի	Ա	Ա	Յ
Ֆ	Ր	P	Ց	Յ	Ա	Մ	Պ	Ե	Ր	Ն	Ր	Ռ	Ր
Ռ	Ջ	Ո	Փ	Վ	Ռ	P	E	Գ	Ո	Ե	Կ	Ա	Ի
Չ	Ա	Ը	Զ	Ձ	Լ	Ե	Ռ	Ն	Ե	Ր	Տ	Խ	Կ
Ֆ	Յ	Ր	Դ	Ի	Ն	Ա	Մ	Ի	Կ	Տ	Ի	Ո	Լ
Ձ	Ի	Ն	Ի	Հ	Ա	Ն	Գ	Ի	Ս	Տ	Կ	Ւ	Թ
Բ	Ն	Կ	Ե	Ն	Ս	Ա	Կ	Ա	Ն	Ց	Ա	Ղ	Ճ
Գ	Ե	Ղ	Ե	Ց	Կ	Ո	Ւ	Թ	Յ	Ո	Ւ	Ն	Ը

ԿԵՆԴԱՆԻՆԵՐ
ԱՐԿՏԻԿԱ
ԳԵՂԵՑԿՈՒԹՅՈՒՆ
ՄԵՂՈՒՆԵՐ
ԱՄՊԵՐ
ԱՆԱՊԱՏ
ԴԻՆԱՄԻԿ
ԷՐՈԶԻԱ
ՄԱՌԱԽՈՒՂ
ՍԱՂԱՐԹ
ԱՆՏԱՌ
ՄԱՌՑԱԴԱՃՏ
ԼԵՌՆԵՐ
ԽԱՂԱՂ
ԳԵՏ
ՀԱՆԳԻՍՏ
ԱՐԵՒԱԴԱՐՁԱՅԻՆ
ԿԵՆՍԱԿԱՆ
ՎԱՅՐԻ

99 - Championship

Տ	Ն	Ե	Ը	E	Մ	Շ	Մ	Թ	Ք	Ե	Հ	Չ	Չ
Ա	Ո	Ե	Լ	Ր	Հ	Ն	Ե	Ի	Ր	Ջ	Ա	Շ	Ճ
Ա	Ռ	Կ	Ր	Շ	Փ	Չ	Դ	Մ	Տ	Ր	Ղ	Վ	A
Ղ	Ձ	Ա	Ո	Կ	H	Ե	Ա	Ռ	Ի	Ա	Թ	Տ	Խ
Խ	Ճ	Տ	Ձ	Ւ	Ա	Լ	Լ	P	Ն	Փ	Ա	Դ	Ա
Ր	Ռ	Զ	Ց	Ն	Ն	Յ	Ձ	Ե	Ք	Ա	Ն	Ա	Ղ
Լ	P	Զ	Ը	Ո	Ո	Ո	Ա	Ն	Ք	Կ	Ա	Տ	Ե
Խ	E	Մ	Ւ	Հ	Մ	Ւ	Ւ	Ց	Ջ	Ի	Կ	Ա	Ր
Մ	Ր	Ց	Ա	Շ	Ա	Ր	Թ	Թ	Ո	Չ	Ի	Վ	Ջ
Ս	Պ	Ո	Ր	Տ	Ր	Ֆ	Ր	Յ	Յ	Ւ	Ժ	Ո	Ւ
Լ	Ի	Գ	Ա	Վ	Ջ	Ս	Է	Ձ	Ո	Ո	Մ	Ր	Ը
Ց	K	Դ	Հ	Ը	Ի	Փ	Ւ	Տ	Լ	Ւ	Ւ	Ծ	Ծ
Շ	Ձ	Հ	Շ	Է	Չ	Ե	Մ	Պ	Ի	Ո	Ն	Ն	Փ
Մ	Ո	Տ	Ի	Վ	Ա	Ց	Ի	Ա	Ի	P	Տ	Մ	Ն

ՉԵՄՊԻՈՆ
ԱՌԱՋՆՈՒԹՅՈՒՆ
ՄԱՐԶԻՉ
ՏՈԿՈՒՆՈՒԹՅՈՒՆ
ԵԶՐԱՓԱԿԻՉ
ԽԱՂԵՐ
ԴԱՏԱՎՈՐ
ԼԻԳԱ
ՄԵԴԱԼ
ՄՈՏԻՎԱՑԻԱ
ՆԵՐԿԱՅԱՑՈՒՄ
ՔՐՏԻՆՔ
ՍՊՈՐՏ
ԹԻՄ
ՇՆՉԵԼ
ՄՐՑԱՇԱՐ
ՀԱՂԹԱՆԱԿ

100 - Vacation #2

Օ	Զ	Ժ	Յ	Ե	Ի	Ի	Կ	Կ	Ւ	Ղ	Ձ	K	Օ
Ր	Տ	Ա	Ք	Ս	Ի	Ժ	Ծ	Բ	Վ	Ծ	Ձ	Լ	Դ
Ձ	Օ	Ա	Ե	Հ	Շ	Պ	Բ	Ձ	Տ	Ո	Ն	Ե	Ա
Թ	Տ	Ֆ	Ր	Յ	Ա	Ր	Շ	Ա	Վ	Վ	Ե	Ռ	Ն
Ճ	Ա	Մ	Բ	Ո	Ր	Դ	Ո	Ւ	Թ	Ի	Ւ	Ն	Ա
Վ	Ր	Ա	Ն	Ւ	Փ	P	Ծ	Բ	Դ	Խ	Գ	Ե	Վ
Ճ	Ա	Օ	Ձ	Ր	Լ	Ո	Ղ	Ա	Փ	Պ	Հ	Ր	Ա
Է	Կ	Ք	Գ	Ա	Գ	Ց	Խ	Գ	Վ	Չ	H	K	Կ
Թ	Ա	Գ	Ձ	Ն	Ջ	Ն	Ք	Ա	Ր	Տ	Ե	Զ	Ա
Ի	Ն	Օ	Ռ	Ո	Ա	Ի	Ա	Ե	Դ	Զ	P	Ճ	Յ
Կ	Ղ	Զ	Ի	Ց	Թ	Ի	Յ	Ց	Պ	Ր	A	E	Ա
Ա	Ն	Ձ	Ն	Ա	Գ	Ի	Ր	K	Ք	Պ	Ո	E	Ն
Ճ	Ռ	Ե	Ս	Տ	Ո	Ր	Ա	Ն	Վ	K	Բ	Ւ	Ջ
Ե	Դ	Պ	Տ	Վ	Ի	Զ	Ա	Օ	Շ	Ժ	E	P	Մ

ՕԴԱՆԱՎԱԿԱՅԱՆ
ԼՈՂԱՓ
ԱՐՇԱՎ
ՕՏԱՐ
ՕՏԱՐԱԿԱՆ
ՏՈՆ
ՀՅՈՒՐԱՆՈՑ
ԿՂԶԻ
ՃԱՄԲՈՐԴՈՒԹԻՒՆ
ՔԱՐՏԵԶ
ԼԵՌՆԵՐ
ԱՆՁՆԱԳԻՐ
ՌԵՍՏՈՐԱՆ
ԾՈՎ
ՏԱՔՍԻ
ՎՐԱՆ
ԳՆԱՑՔ
ՓՈԽԱԴՐՈՒՄ
ՎԻԶԱ

1 - Food #1

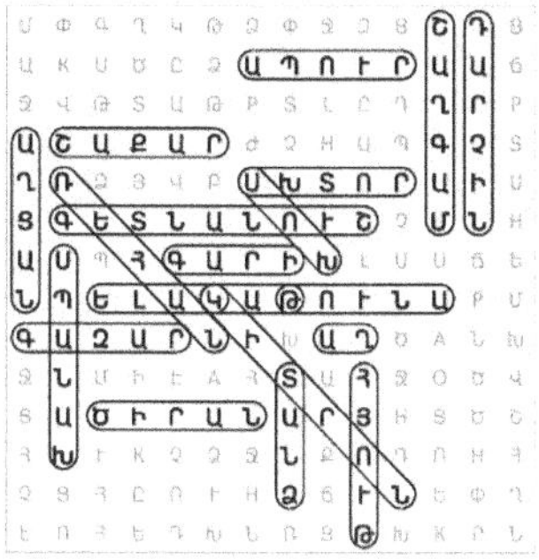

2 - Castles

3 - Exploration

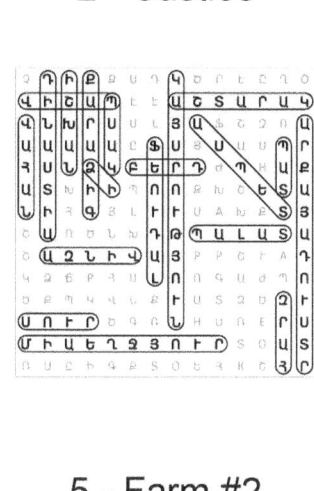

4 - Measurements

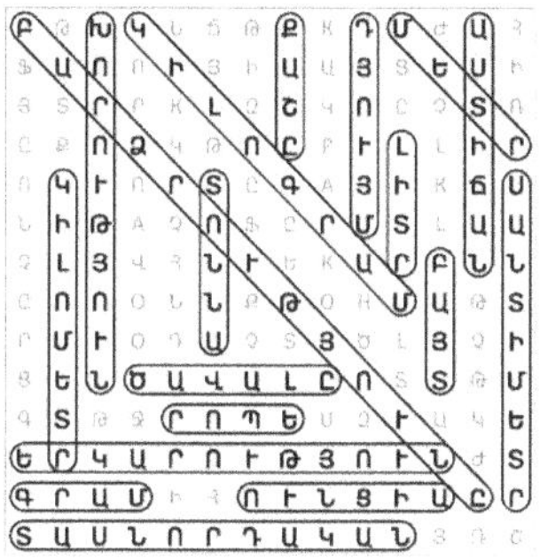

5 - Farm #2

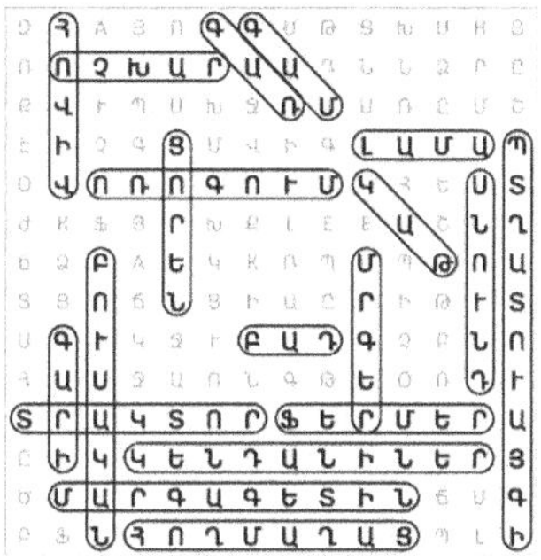

6 - Books

7 - Meditation

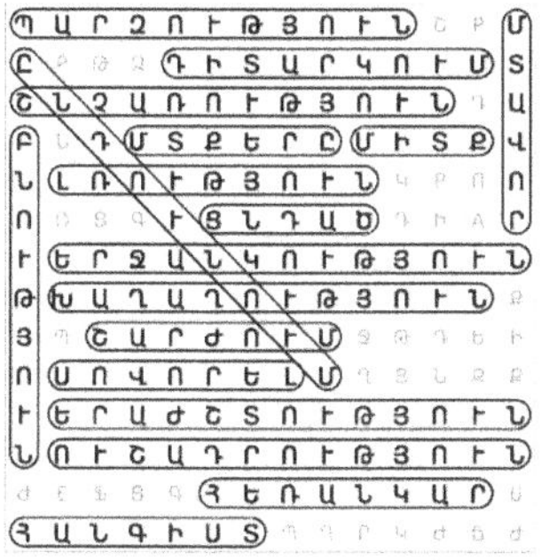

8 - Days and Months

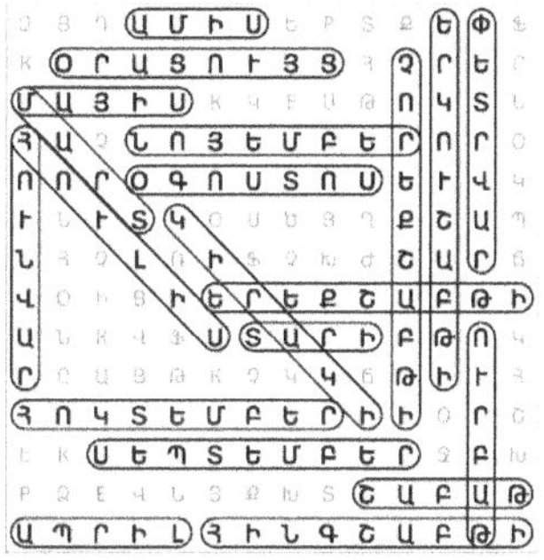

9 - Chess

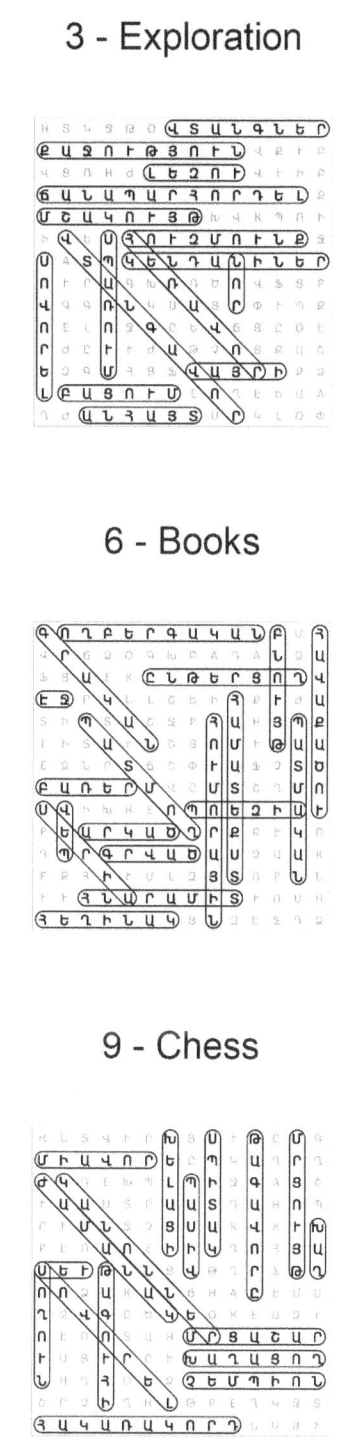

10 - Food #2

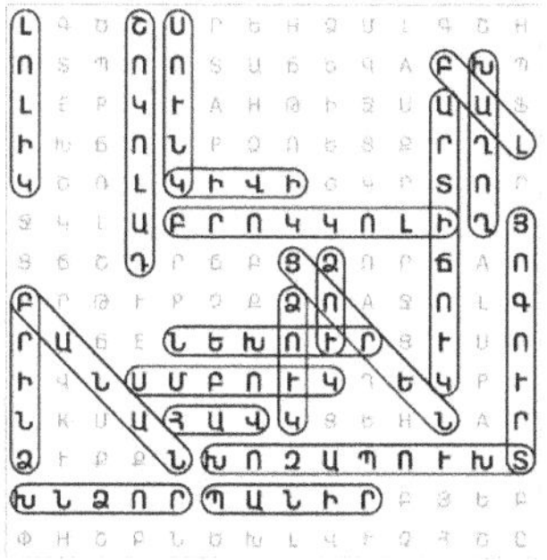

11 - Family

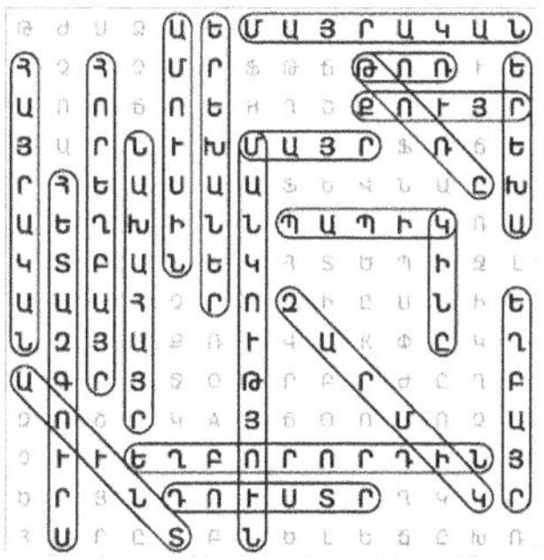

12 - Farm #1

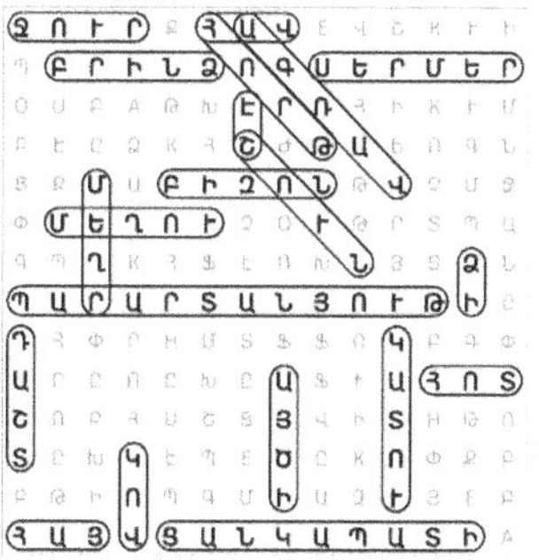

13 - Camping

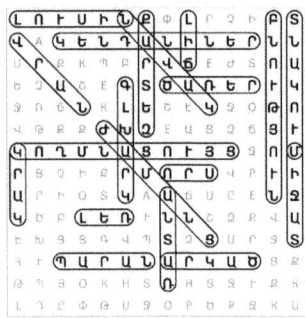

14 - Conservation

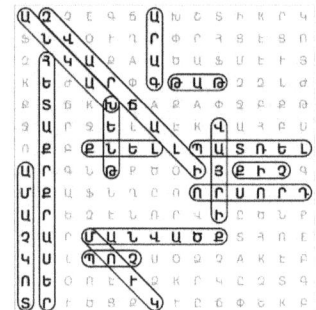

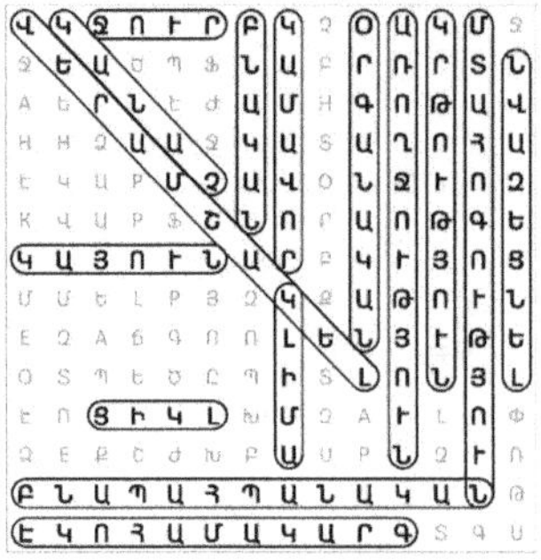

15 - Cats

16 - Numbers

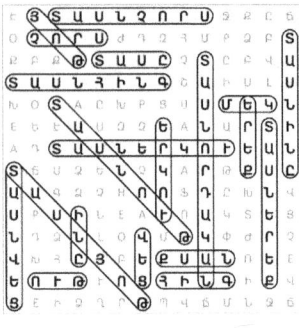

17 - Spices

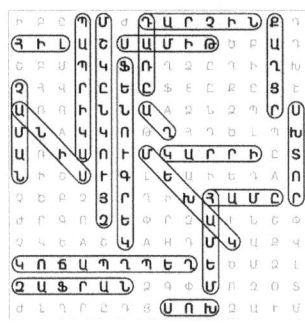

18 - Mammals

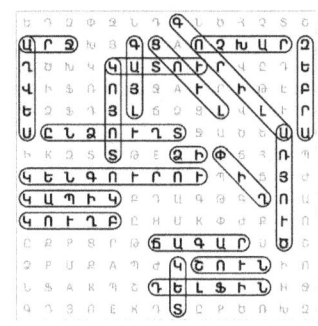

19 - Fishing

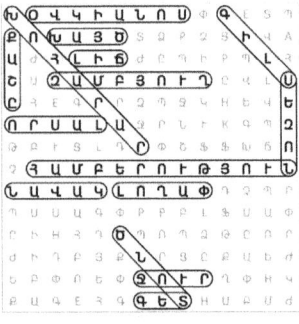

20 - Restaurant #1

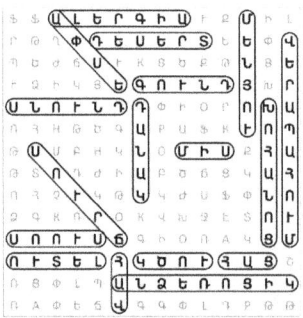

21 - Bees

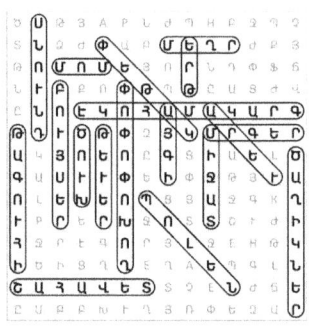

22 - Sports

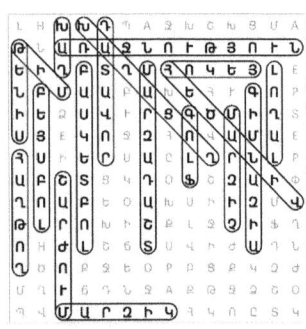

23 - Weather

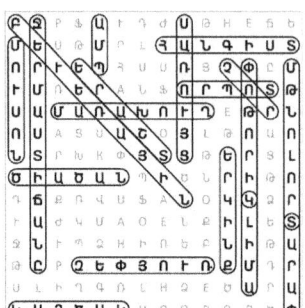

24 - Circus

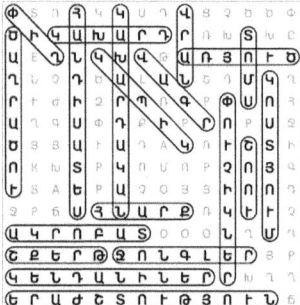

25 - Restaurant #2

26 - Geology

27 - House

28 - Comedy

29 - Bathroom

30 - School #1

31 - Dance

32 - Climbing

33 - Shapes

34 - Scientific Disciplines

35 - School #2

36 - Science

37 - Summer

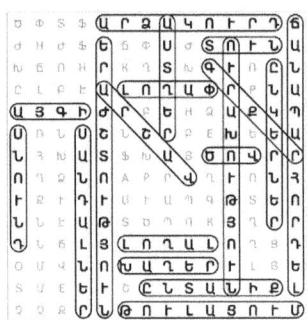

38 - Clothes

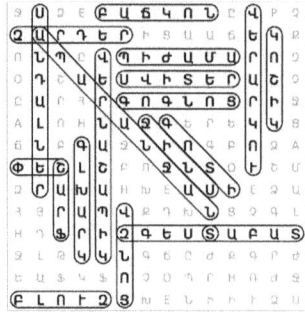

39 - Insects

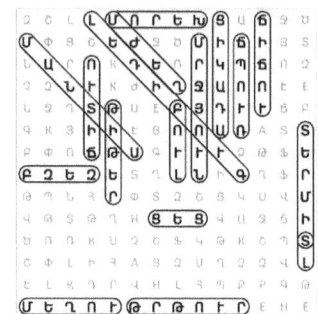

40 - Astronomy

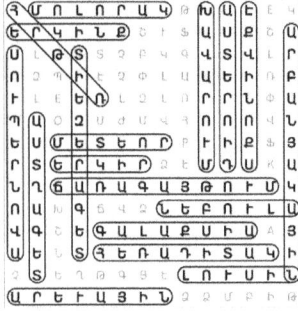

41 - Pirates

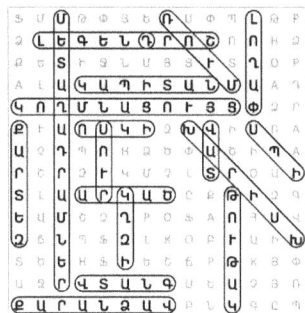

42 - Time

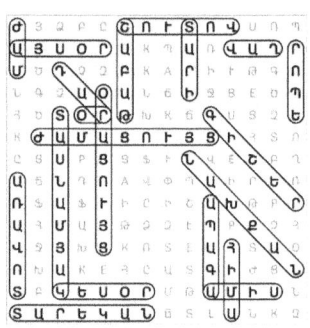

43 - Buildings

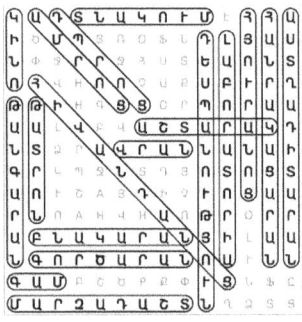

44 - Herbalism

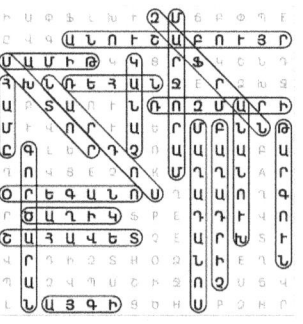

45 - Toys

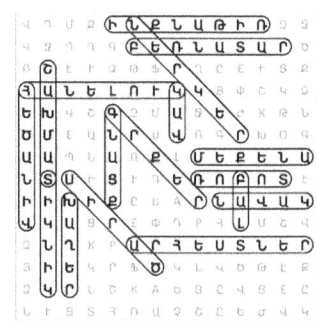

46 - Vehicles

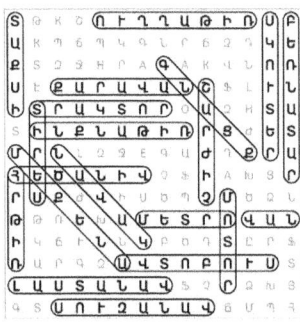

47 - Flowers

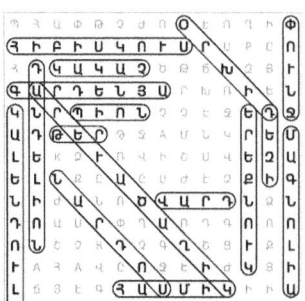

48 - Town

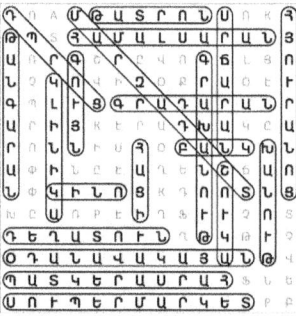

49 - Antarctica

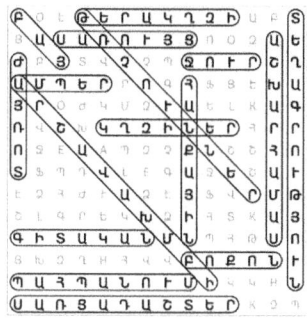

50 - Ballet

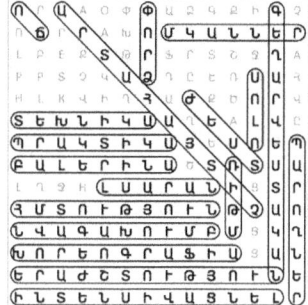

51 - Human Body

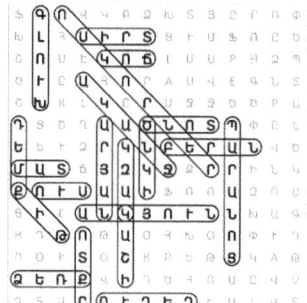

52 - Musical Instruments

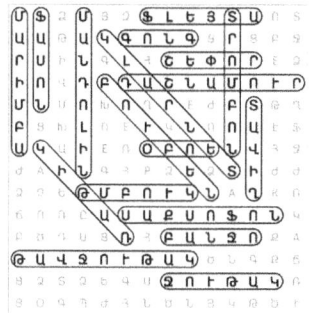

53 - Fruit

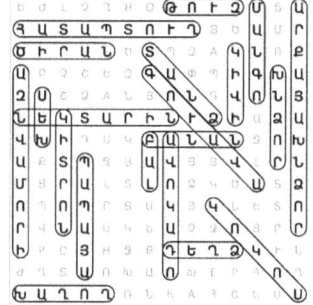

54 - Virtues #1

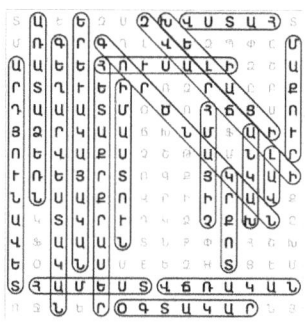

55 - Kitchen

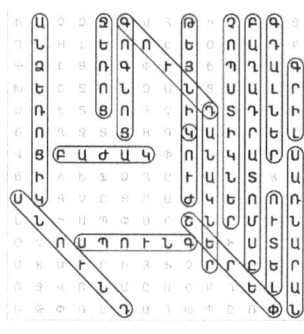

56 - Art Supplies

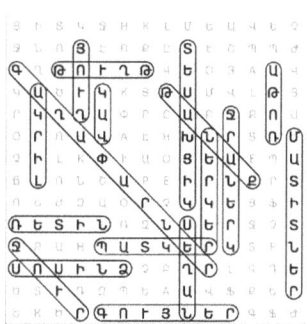

57 - Science Fiction

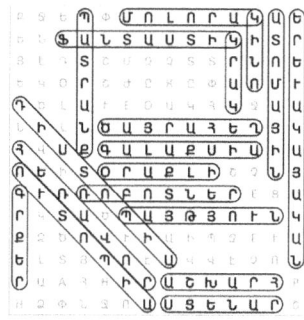

58 - Airplanes

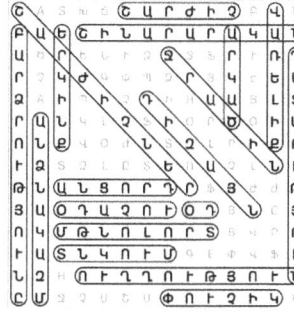

59 - Ocean

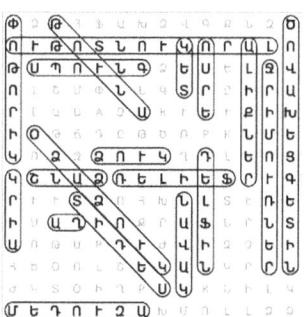

60 - Birds

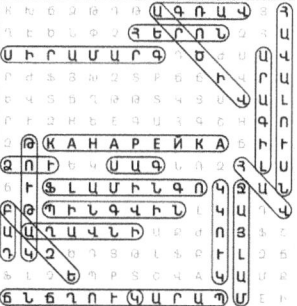

61 - Art

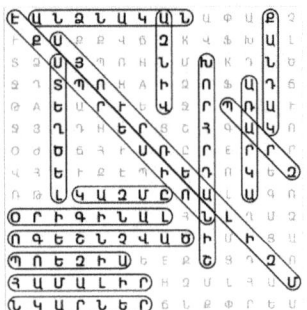

62 - Autumn

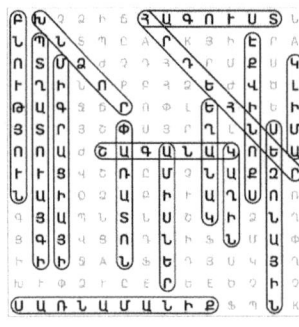

63 - Nutrition

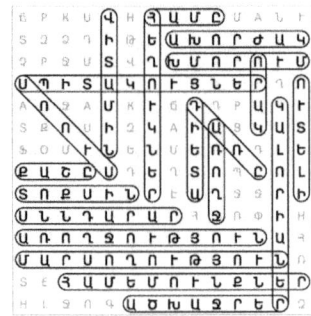

64 - Hiking

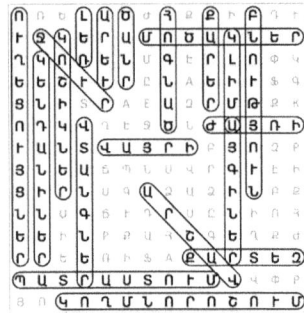

65 - Professions #1

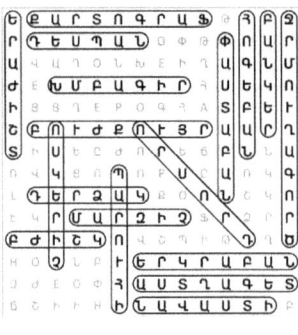

66 - Dinosaurs

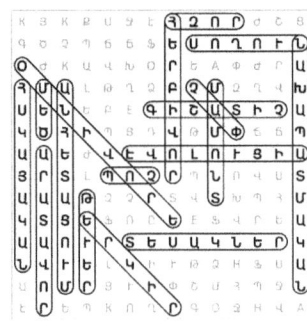

67 - Barbecues

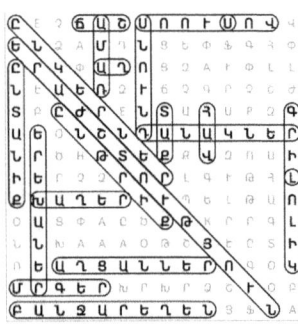

68 - Surfing

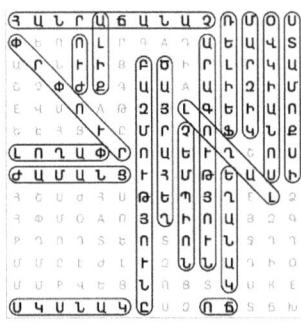

69 - Chocolate

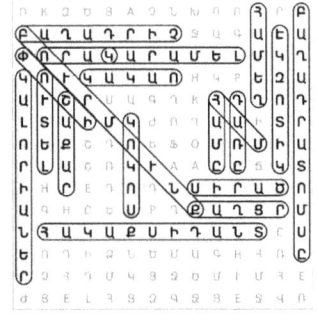

70 - Vegetables

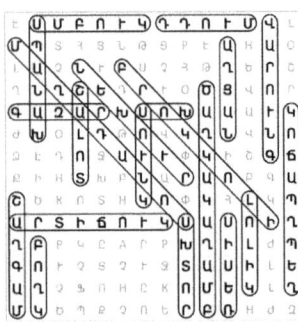

71 - Boats

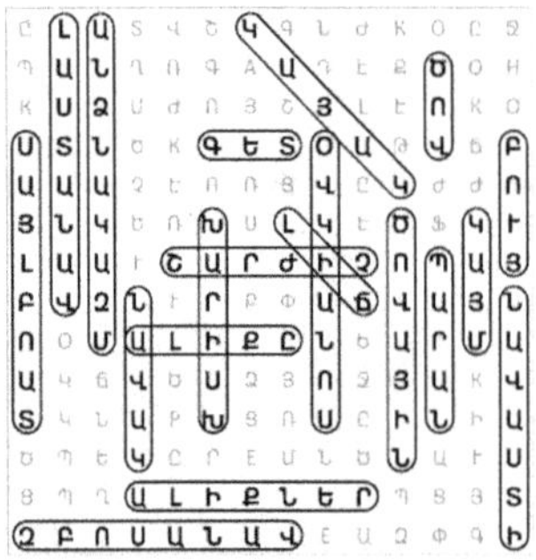

72 - Activities and Leisure

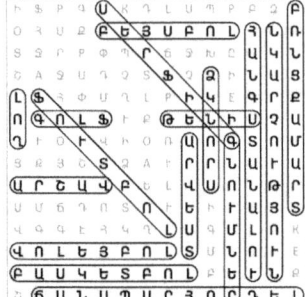

73 - Driving

74 - Professions #2

75 - Emotions

76 - Mythology

77 - Hair Types

78 - Furniture

79 - Garden

80 - Birthday

81 - Beach

82 - Adjectives #1

83 - Rainforest

84 - Technology

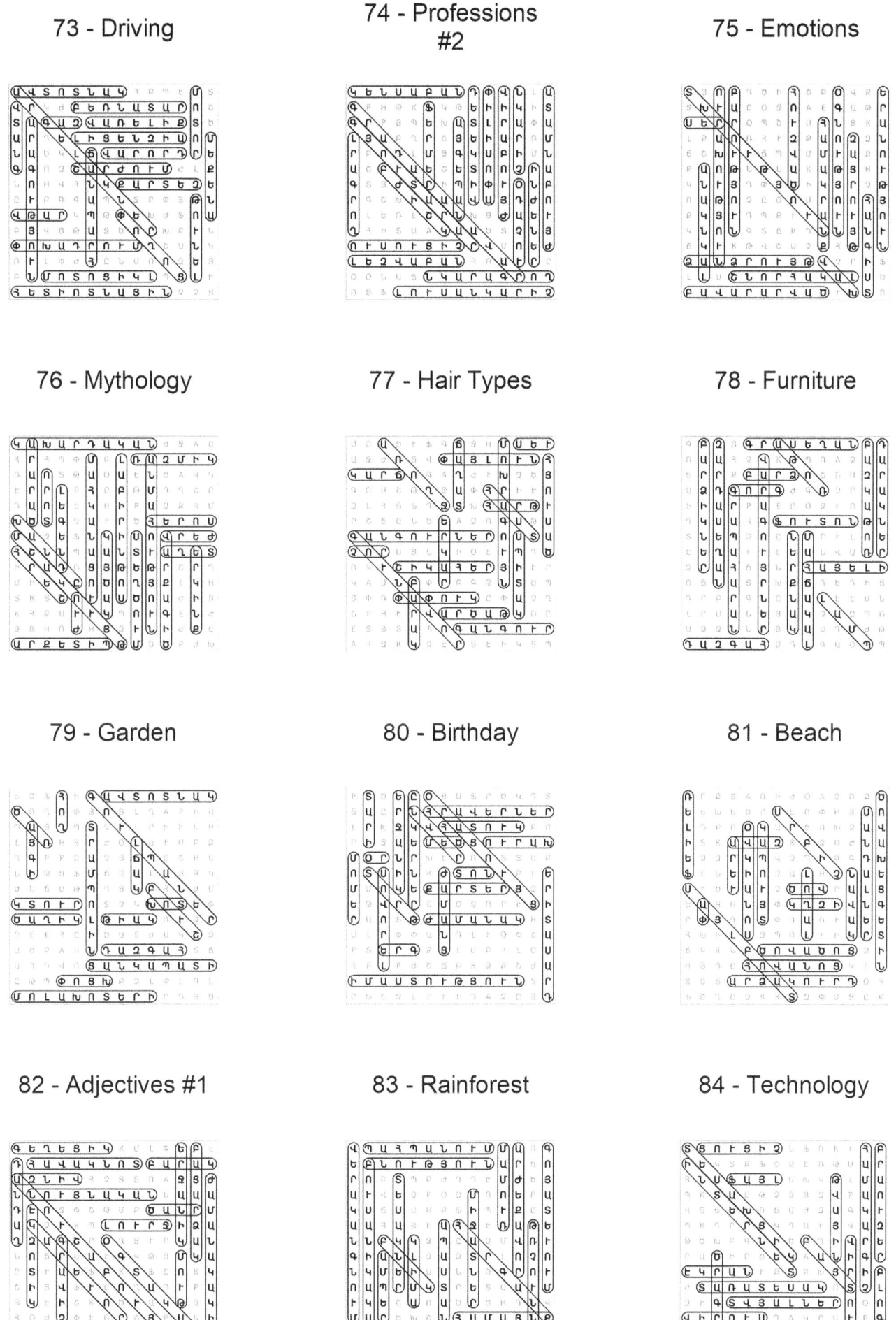

85 - Landscapes

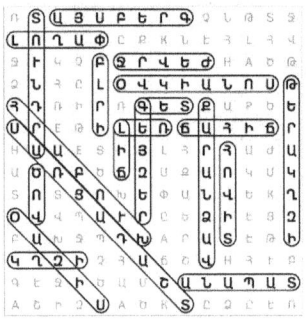

86 - Visual Arts

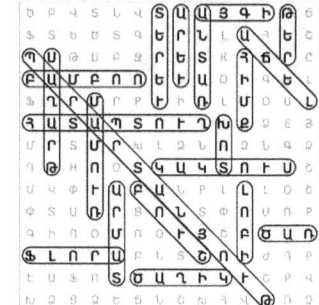

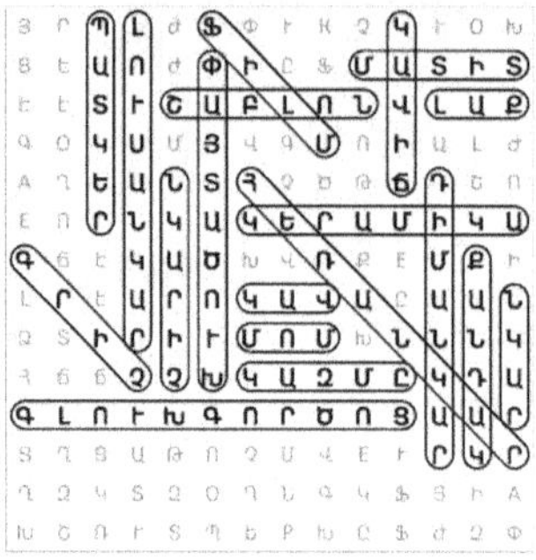

87 - Plants

88 - Countries #2

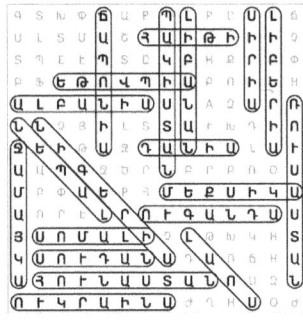

89 - Ecology

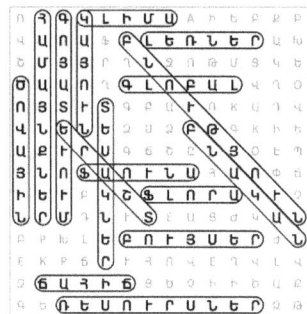

90 - Adjectives #2

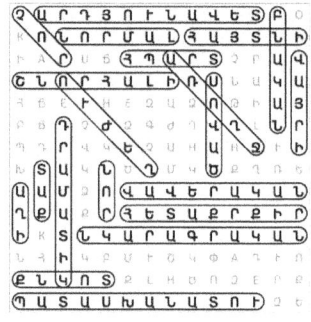

91 - Math

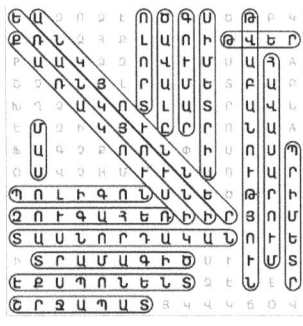

92 - Water

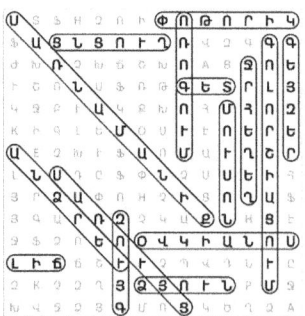

93 - Activities

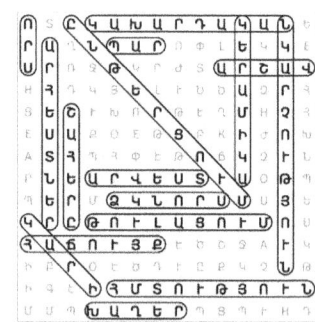

94 - Literature

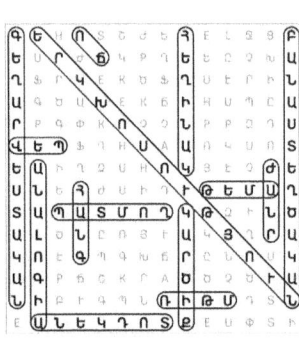

95 - Geography

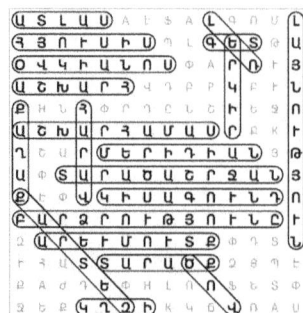

96 - Vacation #1

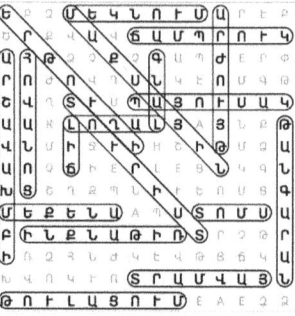

97 - Pets

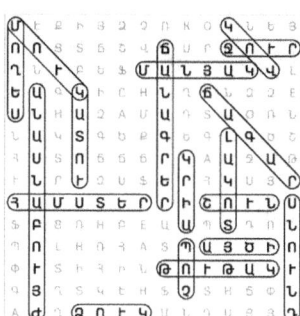

98 - Nature

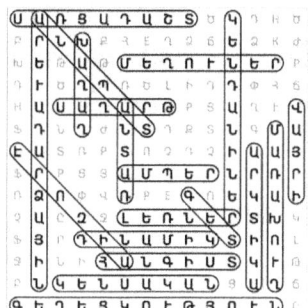

99 - Championship

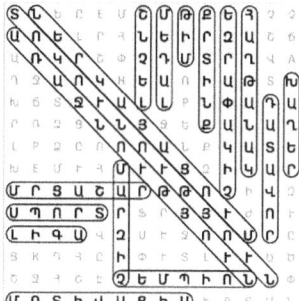

100 - Vacation #2

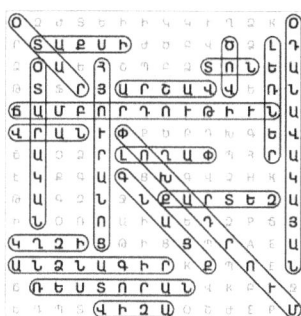

Dictionary

Activities

Գործունեություն

Art	Արվեստ
Camping	Արշավ
Ceramics	Կերամիկա
Crafts	Արհեստներ
Dancing	Պար
Fishing	Ձկնորս
Games	Խաղեր
Hunting	Որս
Interests	Շահերը
Magic	Կախարդական
Painting	Նկարչություն
Pleasure	Հաճույք
Reading	Ընթերցում
Relaxation	Թուլացում
Sewing	Կարի
Skill	Հմտություն

Activities and Leisure

Գործունեություն և Ժամանց

Art	Արվեստ
Baseball	Բեյսբոլ
Basketball	Բասկետբոլ
Boxing	Բռնցքամարտ
Camping	Արշավ
Fishing	Ձկնորս
Golf	Գոլֆ
Painting	Նկարչություն
Relaxing	Հանգստանալու
Shopping	Գնումներ
Soccer	Ֆուտբոլ
Surfing	Սերֆինգ
Swimming	Լող
Tennis	Թենիս
Travel	Ճանապարհորդել
Volleyball	Վոլեյբոլ

Adjectives #1

Ածականներ #1

Absolute	Բացարձակ
Ambitious	Հավակնոտ
Aromatic	Անուշաբույր
Artistic	Գեղարվեստական
Attractive	Գրավիչ
Beautiful	Գեղեցիկ
Dark	Մութ
Exotic	Էկզոտիկ
Generous	Առատաձեռն
Happy	Երջանիկ
Heavy	Ծանր
Helpful	Օգտակար
Honest	Ազնիվ
Identical	Նույնական
Important	Կարեւոր
Modern	Ժամանակակից
Serious	Լուրջ
Slow	Դանդաղ
Thin	Բարակ
Valuable	Արժեքավոր

Adjectives #2

Ածականներ #2

Authentic	Վավերական
Descriptive	Նկարագրական
Dramatic	Դրամատիկ
Dry	Չոր
Famous	Հայտնի
Gifted	Շնորհալի
Healthy	Առողջ
Hot	Տաք
Hungry	Սոված
Interesting	Հետաքրքիր
Natural	Բնական
New	Նոր
Normal	Նորմալ
Productive	Արդյունավետ
Proud	Հպարտ
Responsible	Պատասխանատու
Salty	Աղի
Sleepy	Քնկոտ
Strong	Ուժեղ
Wild	Վայրի

Airplanes

Ինքնաթիռներ

Adventure	Արկած
Air	Օդ
Atmosphere	Մթնոլորտ
Balloon	Փուչիկ
Construction	Շինարարական
Crew	Անձնակազմ
Descent	Ծագում
Design	Դիզայն
Direction	Ուղղություն
Engine	Շարժիչ
Fuel	Վառելիք
Height	Բարձրությունը
History	Պատմություն
Hydrogen	Ջրածին
Landing	Տնկում
Passenger	Անցորդ
Pilot	Օդաչու
Propellers	Շարժիչներ
Sky	Երկինք
Turbulence	Անհանգիստ

Antarctica

Անտարկտիկա

Bay	Բայ
Birds	Թռչուններ
Clouds	Ամպեր
Conservation	Պահպանում
Continent	Աշխարհամաս
Cove	Բոքոն
Expedition	Արշավախմբի
Glaciers	Սառցադաշտեր
Ice	Սառույց
Islands	Կղզիներ
Migration	Միգրացիայի
Minerals	Հանքային
Penguins	Պինգվիններ
Peninsula	Թերակղզի
Researcher	Հետազոտող
Rocky	Ժայռոտ
Scientific	Գիտական
Temperature	Ջերմաստիճանը
Topography	Տեղագրություն
Water	Ջուր

Art

Արվեստ

Ceramic	Կերամիկական
Complex	Համալիր
Composition	Կազմը
Create	Ստեղծել
Expression	Էքսպրեսիոն
Honest	Ազնիվ
Inspired	Ոգեշնչված
Original	Օրիգինալ
Paintings	Նկարներ
Personal	Անձնական
Poetry	Պոեզիա
Sculpture	Քանդակ
Simple	Պարզ
Subject	Առարկա
Surrealism	Սյուրռեալիզմ
Symbol	Խորհրդանիշ
Visual	Տեսողական

Art Supplies

Արվեստի Պարագաներ

Acrylic	Ակրիլ
Camera	Տեսախցիկ
Chair	Աթոռ
Clay	Կավ
Colors	Գույներ
Easel	Պատկեր
Eraser	Ռետին
Glue	Սոսինձ
Ideas	Գաղափարներ
Ink	Թանաք
Oil	Յուղ
Paints	Ներկեր
Paper	Թուղթ
Pencils	Մատիտներ
Table	Սեղան
Water	Ջուր
Watercolors	Ջրաներկ

Astronomy

Աստղագիտություն

Asteroid	Աստերոիդ
Astronaut	Տիեզերագետ
Astronomer	Աստղագետ
Earth	Երկիր
Eclipse	Խավարում
Equinox	Էքվինոքս
Galaxy	Գալաքսիա
Meteor	Մետեոր
Moon	Լուսին
Nebula	Նեբուլա
Observatory	Աստղադիտարան
Planet	Մոլորակ
Radiation	Ճառագայթում
Rocket	Հրթիռ
Satellite	Արբանյակային
Sky	Երկինք
Solar	Արևային
Supernova	Սուպերնովա
Telescope	Հեռադիտակ
Zodiac	Կենդանկանդակ

Autumn

Աշուն

Acorn	Կաղին
Apples	Խնձոր
Chestnuts	Շագանակ
Climate	Կլիմա
Clothing	Հագուստ
Equinox	Էքվինոքս
Festival	Փառատոն
Fires	Հրդեհներ
Frost	Սառնամանիք
Migration	Միգրացիայի
Months	Ամիսներ
Nature	Բնություն
Orchard	Պտղատու Այգի
Seasonal	Սեզոնային
Weather	Եղանակ

Ballet

Բալետ

Artistic	Գեղարվեստական
Audience	Լսարան
Ballerina	Բալերինա
Choreography	Խորեոգրաֆիա
Composer	Կոմպոզիտոր
Dancers	Պարողներ
Expressive	Արտահայտիչ
Gesture	Ժեստ
Intensity	Ինտենսիվացնել
Muscles	Մկաններ
Music	Երաժշտություն
Orchestra	Նվագախումբ
Practice	Պրակտիկա
Rehearsal	Փորձ
Rhythm	Ռիթմ
Skill	Հմտություն
Solo	Սոլո
Style	Ոճ
Technique	Տեխնիկա

Barbecues

Խորոված

Chicken	Հավ
Children	Երեխաներ
Dinner	Ընթրիք
Family	Ընտանիք
Food	Սնունդ
Friends	Ընկերներ
Fruit	Մրգեր
Games	Խաղեր
Grill	Գրիլ
Hot	Տաք
Hunger	Սով
Knives	Դանակներ
Lunch	Ճաշ
Music	Երաժշտություն
Salads	Աղցաններ
Salt	Աղ
Sauce	Սոուս
Summer	Ամառ
Tomatoes	Լոլիկ
Vegetables	Բանջարեղեն

Bathroom

Լողասենյակ

Bath	Բաղնիք
Faucet	Ծորակ
Lotion	Լոսյոն
Mirror	Հայելի
Perfume	Օծանելիք
Rug	Գորգ
Scissors	Մկրատ
Shampoo	Շամպուն
Shower	Ցնցուղ
Sink	Լվացարան
Soap	Օճառ
Sponge	Սպունգ
Steam	Զույգ
Toilet	Զուգարան
Towel	Սրբիչ
Water	Ջուր

Beach

Լողափ

Blue	Կապույտ
Boat	Նավակ
Coast	Ափ
Crab	Ծովախեցգետին
Island	Կղզի
Lagoon	Ծովածոց
Ocean	Օվկիանոս
Reef	Ռելիեֆ
Sailboat	Սայլբոատ
Sand	Ավազ
Sandals	Սանդալներ
Sea	Ծով
Sun	Արեւ
To Swim	Լողալ
Towel	Սրբիչ
Umbrella	Հովանոց
Vacation	Արձակուրդ

Bees

Մեղուները

Beneficial	Շահավետ
Ecosystem	Էկոհամակարգ
Flowers	Ծաղիկներ
Food	Սնունդ
Fruit	Մրգեր
Garden	Այգի
Hive	Փեթակ
Honey	Մեղր
Insect	Միջատ
Plants	Բույսեր
Pollen	Պոլեն
Pollinator	Փոփոխող
Queen	Թագուհի
Smoke	Ծուխ
Sun	Արեւ
Swarm	Երթ
Wax	Մոմ
Wings	Թեւեր

Birds

Թռչուններ

Canary	Канарейка
Chicken	Հավ
Crow	Ագռավ
Cuckoo	Կկու
Duck	Բադ
Eagle	Արծիվ
Egg	Ձու
Flamingo	Ֆլամինգո
Goose	Սագ
Hawk	Բազե
Heron	Հերոն
Ostrich	Ջայլամ
Parrot	Թութակ
Peacock	Սիրամարգ
Pelican	Հավալուսն
Penguin	Պինգվին
Pigeon	Աղավնի
Sparrow	Ճնճղուկ
Stork	Արագիլ
Swan	Կարապ

Birthday

Ծննդյան Օր

Cake	Տորթ
Calendar	Օրացույց
Candles	Մոմեր
Cards	Քարտեր
Celebration	Տոն
Day	Օր
Friends	Ընկերներ
Fun	Ժամանց
Gift	Նվեր
Great	Մեծ
Happy	Երջանիկ
Invitations	Հրավերներ
Joyful	Ուրախ
Song	Երգ
Special	Հատուկ
Time	Ժամանակ
To Learn	Սովորել
Wisdom	Իմաստություն
Year	Տարի
Young	Երիտասարդ

Boats

Նավակներ

Anchor	Խարիսխ
Buoy	Բույ
Canoe	Նավակ
Crew	Անձնակազմ
Engine	Շարժիչ
Ferry	Լաստանավ
Kayak	Կայակ
Lake	Լիճ
Mast	Կայմ
Nautical	Ծովային
Ocean	Օվկիանոս
River	Գետ
Rope	Պարան
Sailboat	Սայլբոատ
Sailor	Նավաստի
Sea	Ծով
Tide	Ալիքը
Waves	Ալիքներ
Yacht	Զբոսանավ

Books
Գրքեր

Adventure	Արկած
Author	Հեղինակ
Character	Բնույթ
Collection	Հավաքածու
Context	Համատեքստ
Historical	Պատմական
Humorous	Հումորային
Inventive	Հնարամիտ
Literary	Գրական
Narrator	Պատմող
Novel	Վեպ
Page	Էջ
Poetry	Պոեզիա
Reader	Ընթերցող
Relevant	Համապատասխան
Series	Սերիա
Story	Պատմություն
Tragic	Ողբերգական
Words	Բառեր
Written	Գրված

Buildings
Շենքեր

Apartment	Բնակարան
Barn	Գոմ
Cabin	Տնակում
Castle	Ամրոց
Cinema	Կինո
Embassy	Դեսպանություն
Factory	Գործարան
Hospital	Հիվանդանոց
Hostel	Հանրակացարան
Hotel	Հյուրանոց
Laboratory	Լաբորատորիա
Museum	Թանգարան
Observatory	Աստղադիտարան
School	Դպրոց
Stadium	Մարզադաշտ
Supermarket	Սուպերմարկետ
Tent	Վրան
Theater	Թատրոն
Tower	Աշտարակ
University	Համալսարան

Camping
Արշավ

Adventure	Արկած
Animals	Կենդանիներ
Cabin	Տնակում
Canoe	Նավակ
Compass	Կողմնացույց
Fire	Կրակ
Forest	Անտառ
Fun	Ժամանց
Hat	Գլխարկ
Hunting	Որս
Insect	Միջատ
Lake	Լիճ
Map	Քարտեզ
Moon	Լուսին
Mountain	Լեռ
Nature	Բնություն
Rope	Պարան
Tent	Վրան
Trees	Ծառեր

Castles
Բերդեր

Armor	Զրահ
Catapult	Քարաձիգ
Crown	Պսակ
Dragon	Վիշապ
Dynasty	Դինաստիա
Empire	Կայսրություն
Feudal	Ֆեոդալ
Fortress	Բերդ
Horse	Ձի
Knight	Ասպետ
Noble	Ազնիվ
Palace	Պալատ
Prince	Իշխան
Princess	Արքայադուստր
Shield	Վահան
Sword	Սուր
Tower	Աշտարակ
Unicorn	Միաեղջյուր
Wall	Պատ

Cats
Կատուներ

Claw	Պատռել
Crazy	Խենթ
Curious	Հետաքրքրասեր
Fast	Արագ
Funny	Զվարճալի
Hunter	Որսորդ
Independent	Անկախ
Little	Քիչ
Mouse	Մուկ
Paw	Թաթ
Shy	Ամաչկոտ
Sleep	Քնել
Tail	Պոչ
Wild	Վայրի
Yarn	Մանվածք

Championship
Առաջնություն

Champion	Չեմպիոն
Championship	Առաջնություն
Coach	Մարզիչ
Endurance	Տոկունություն
Finalist	Եզրափակիչ
Games	Խաղեր
Judge	Դատավոր
League	Լիգա
Medal	Մեդալ
Motivation	Մոտիվացիա
Performance	Ներկայացում
Perspiration	Քրտինք
Sports	Սպորտ
Team	Թիմ
To Breathe	Շնչել
Tournament	Մրցաշար
Victory	Հաղթանակ

Chess
Շախմատ

Black	Սեւ
Champion	Չեմպիոն
Clever	Խելացի
Contest	Մրցույթ
Game	Խաղ
King	Թագավորը
Opponent	Հակառակորդ
Passive	Պասիվ
Player	Խաղացող
Points	Միավոր
Queen	Թագուհի
Rules	Կանոններ
Sacrifice	Սողուն
Time	Ժամանակ
To Learn	Սովորել
Tournament	Մրցաշար
White	Սպիտակ

Chocolate
Շոկոլադ

Antioxidant	Հակաքսիդանտ
Aroma	Բուրմունք
Bitter	Դառը
Cacao	Կակաո
Calories	Կալորիաներ
Caramel	Կարամել
Coconut	Կոկոս
Delicious	Համեղ
Exotic	Էկզոտիկ
Favorite	Սիրած
Flavor	Համը
Ingredient	Բաղադրիչ
Powder	Փոշի
Quality	Որակ
Recipe	Բաղադրատոմսը
Sugar	Շաքար
Sweet	Քաղցր
Taste	Համ
To Eat	Ուտել

Circus
Կրկես

Acrobat	Ակրոբատ
Animals	Կենդանիներ
Balloons	Փուչիկներ
Clown	Ծաղրածու
Costume	Կոստյում
Elephant	Փիղ
Juggler	Ջոնգլեր
Lion	Առյուծ
Magic	Կախարդական
Magician	Կախարդ
Monkey	Կապիկ
Music	Երաժշտություն
Parade	Շքերթ
Show	Շոու
Spectator	Հանդիսատես
Tent	Վրան
Ticket	Տոմս
Tiger	Վագր
Trick	Հնարք

Climbing
Նվաճելով

Altitude	Բարձրությունը
Atmosphere	Մթնոլորտ
Boots	Կոշիկներ
Cave	Քարանձավ
Expert	Փորձագետ
Gloves	Ձեռնոցներ
Guides	Ուղեցույցներ
Helmet	Սաղավարտ
Hiking	Արշավ
Injury	Վնասվածք
Map	Քարտեզ
Narrow	Նեղ
Physical	Ֆիզիկական
Stability	Կայունություն
Strength	Ուժ
Training	Ուսուցում

Clothes
Հագուստ

Apron	Գոգնոց
Belt	Գոտի
Blouse	Բլուզ
Bracelet	Ապարանջան
Coat	Վերարկու
Dress	Զգեստ
Gloves	Ձեռնոցներ
Hat	Գլխարկ
Jacket	Բաճկոն
Jeans	Ջինս
Jewelry	Զարդեր
Necklace	Վզնոց
Pajamas	Պիժամա
Pants	Տաբատ
Sandals	Սանդալներ
Scarf	Շարֆ
Shirt	Վերնաշապիկ
Shoe	Կոշիկ
Skirt	Փեշ
Sweater	Սվիտեր

Comedy
Կատակերգություն

Actor	Դերասան
Actress	Դերասանուհի
Audience	Լսարան
Clever	Խելացի
Clowns	Ծաղրածուներ
Expressive	Արտահայտիչ
Fun	Ժամանց
Funny	Զվարճալի
Genre	Ժանր
Humor	Հումոր
Improvisation	Իմպրովիզացիա
Jokes	Կատակներ
Laughter	Ծիծաղ
Parody	Պարոդիա
Theater	Թատրոն

Conservation
Պահպանություն

Climate	Կլիմա
Concern	Մտահոգություն
Cycle	Ցիկլ
Ecosystem	Էկոհամակարգ
Education	Կրթություն
Environmental	Բնապահպանական
Green	Կանաչ
Health	Առողջություն
Natural	Բնական
Organic	Օրգանական
Recycle	Վերամշակել
Reduce	Նվազեցնել
Sustainable	Կայուն
Volunteer	Կամավոր
Water	Ջուր

Countries #2
Երկրներ #2

Albania	Ալբանիա
Denmark	Դանիա
Ethiopia	Եթովպիա
Greece	Հունաստան
Haiti	Հաիթի
Jamaica	Ջամայկա
Japan	Ճապոնիա
Laos	Լաոս
Lebanon	Լիբանան
Liberia	Լիբերիա
Mexico	Մեքսիկա
Nepal	Նեպալ
Nigeria	Նիգերիա
Pakistan	Պակիստան
Russia	Ռուսաստան
Somalia	Սոմալի
Sudan	Սուդան
Syria	Սիրիա
Uganda	Ուգանդա
Ukraine	Ուկրաինա

Dance
Պար

Academy	Ակադեմիա
Art	Արվեստ
Body	Մարմին
Choreography	Խորեոգրաֆիա
Classical	Դասական
Cultural	Մշակութային
Culture	Մշակույթ
Emotion	Զգացմունք
Expressive	Արտահայտիչ
Grace	Շնորհ
Joyful	Ուրախ
Jump	Ցատկել
Movement	Շարժում
Music	Երաժշտություն
Partner	Գործընկեր
Rehearsal	Փորձ
Rhythm	Ռիթմ
Traditional	Ավանդական
Visual	Տեսողական

Days and Months
Օրեր և Ամիսներ

April	Ապրիլ
August	Օգոստոս
Calendar	Օրացույց
February	Փետրվար
Friday	Ուրբաթ
January	Հունվար
July	Հուլիս
March	Մարտ
May	Մայիս
Monday	Երկուշաբթի
Month	Ամիս
November	Նոյեմբեր
October	Հոկտեմբեր
Saturday	Շաբաթ
September	Սեպտեմբեր
Sunday	Կիրակի
Thursday	Հինգշաբթի
Tuesday	Երեքշաբթի
Wednesday	Չորեքշաբթի
Year	Տարի

Dinosaurs
Դինոզավրեր

Disappearance	Անհետացում
Earth	Երկիր
Enormous	Հսկայական
Evolution	Էվոլուցիա
Herbivore	Հերբիվոր
Large	Մեծ
Mammoth	Մամոնտ
Omnivore	Օմնիվորե
Powerful	Հզոր
Prehistoric	Նախապատմական
Raptor	Գիշատիչ
Reptile	Սողուն
Size	Չափ
Species	Տեսակներ
Tail	Պոչ
Vicious	Արատավոր
Wings	Թևեր

Driving
Վարորդական

Accident	Վթար
Brakes	Արգելակներ
Car	Մեքենա
Danger	Վտանգ
Driver	Վարորդ
Fuel	Վառելիք
Garage	Ավտոտնակ
Gas	Գազ
License	Լիցենզիա
Map	Քարտեզ
Motor	Մոտոր
Motorcycle	Մոտոցիկլ
Pedestrian	Հետիոտնային
Road	Ճանապարհ
Speed	Արագություն
Street	Փողոց
Traffic	Շարժում
Transportation	Փոխադրում
Truck	Բեռնատար
Tunnel	Թունել

Ecology

Էկոլոգիա

Climate	Կլիմա
Communities	Համայնքներ
Drought	Երաշտ
Fauna	Ֆաունա
Flora	Ֆլորա
Global	Գլոբալ
Marine	Ծովային
Marsh	Ճահիճ
Mountains	Լեռներ
Natural	Բնական
Nature	Բնություն
Plants	Բույսեր
Resources	Ռեսուրսներ
Species	Տեսակներ
Survival	Գոյատևում
Sustainable	Կայուն
Volunteers	Կամավորներ

Emotions

Զգացմունքներ

Anger	Զայրույթ
Bliss	Երանություն
Boredom	Ձանձրույթ
Calm	Հանգիստ
Excited	Հուզված
Fear	Վախ
Grateful	Շնորհակալ
Joy	Ուրախություն
Kindness	Բարություն
Love	Սեր
Peace	Խաղաղություն
Relief	Օգնություն
Sadness	Տխրություն
Satisfied	Բավարարված
Surprise	Անակնկալ
Sympathy	Համակրանք
Tenderness	Քնքշություն
Tranquility	Հանգստություն

Exploration

Հետախուզություն

Animals	Կենդանիներ
Courage	Քաջություն
Cultures	Մշակույթ
Discovery	Բացում
Distant	Հեռավոր
Excitement	Հուզմունք
Exhaustion	Սպառում
Hazards	Վտանգներ
Language	Լեզու
New	Նոր
Perilous	Վտանգավոր
To Learn	Սովորել
Travel	Ճանապարհորդել
Unknown	Անհայտ
Wild	Վայրի

Family

Ընտանեկան

Ancestor	Նախահայր
Aunt	Աունտ
Brother	Եղբայր
Child	Երեխա
Childhood	Մանկություն
Children	Երեխաներ
Cousin	Զարմիկ
Daughter	Դուստր
Grandchild	Թոռը
Grandfather	Պապիկ
Grandson	Թոռ
Husband	Ամուսին
Maternal	Մայրական
Mother	Մայր
Nephew	Եղբորորդին
Niece	Հետազգուրս
Paternal	Հայրական
Sister	Քույր
Uncle	Հորեղբայր
Wife	Կինը

Farm #1

Ֆերմա #1

Bee	Մեղու
Bison	Բիզոն
Calf	Հորթ
Cat	Կատու
Chicken	Հավ
Cow	Կով
Crow	Ագռավ
Dog	Շուն
Donkey	Էշ
Fence	Ցանկապատի
Fertilizer	Պարարտանյութ
Field	Դաշտ
Flock	Հոտ
Goat	Այծի
Hay	Հայ
Honey	Մեղր
Horse	Ձի
Rice	Բրինձ
Seeds	Սերմեր
Water	Ջուր

Farm #2

Ֆերմա #2

Animals	Կենդանիներ
Barley	Գարի
Barn	Գամ
Corn	Եգիպտացորեն
Duck	Բադ
Farmer	Ֆերմեր
Food	Սնունդ
Fruit	Մրգեր
Irrigation	Ոռոգում
Lamb	Գառ
Llama	Լամա
Meadow	Մարգագետին
Milk	Կաթ
Orchard	Պտղատու Այգի
Sheep	Ոչխար
Shepherd	Հովիվ
Tractor	Տրակտոր
Vegetable	Բուսական
Wheat	Ցորեն
Windmill	Հողմաղաց

Fishing

Ձկնորս

Bait	Խայծ
Basket	Զամբյուղ
Beach	Լողափ
Boat	Նավակ
Cook	Խոհարար
Gills	Գիլս
Hook	Որսալ
Jaw	Ծնոտ
Lake	Լիճ
Ocean	Օվկիանոս
Patience	Համբերություն
River	Գետ
Season	Սեզոն
Water	Ջուր
Weight	Քաշը

Flowers

Ծաղիկներ

Bouquet	Փունջ
Calendula	Կալենդուլա
Clover	Երեքնուկ
Daisy	Դեզի
Dandelion	Դանդելիոն
Gardenia	Գարդենյա
Hibiscus	Հիբիսկուս
Jasmine	Հասմիկ
Lavender	Նարդոս
Magnolia	Մագնոլիա
Orchid	Օրխիդ
Peony	Պիոն
Petal	Թեր
Rose	Վարդ
Sunflower	Արեւածաղիկ
Tulip	Կակաչ

Food #1

Սնունդ #1

Apricot	Ծիրան
Barley	Գարի
Basil	Ռեհան
Carrot	Գազար
Cinnamon	Դարչին
Garlic	Սխտոր
Juice	Հյութ
Lemon	Կիտրոն
Milk	Կաթ
Onion	Սոխ
Peanut	Գետնանուշ
Pear	Տանձ
Salad	Աղցան
Salt	Աղ
Soup	Ապուր
Spinach	Սպանախ
Strawberry	Ելակ
Sugar	Շաքար
Tuna	Թունա
Turnip	Շաղգամ

Food #2

Սնունդ #2

Apple	Խնձոր
Artichoke	Արտիճուկ
Banana	Բանան
Broccoli	Բրոկկոլի
Celery	Նեխուր
Cheese	Պանիր
Cherry	Բալ
Chicken	Հավ
Chocolate	Շոկոլադ
Egg	Ձու
Eggplant	Սմբուկ
Fish	Ձուկ
Grape	Խաղող
Ham	Խոզապուխտ
Kiwi	Կիվի
Mushroom	Սունկ
Rice	Բրինձ
Tomato	Լոլիկ
Wheat	Ցորեն
Yogurt	Յոգուրտ

Fruit

Մրգեր

Apple	Խնձոր
Apricot	Ծիրան
Avocado	Ավոկադո
Banana	Բանան
Berry	Հատապտուղ
Cherry	Բալ
Coconut	Կոկոս
Fig	Թուզ
Grape	Խաղող
Guava	Գուավա
Kiwi	Կիվի
Lemon	Կիտրոն
Mango	Մանգո
Melon	Սեխ
Nectarine	Նեկտարին
Papaya	Պապայա
Peach	Դեղձ
Pear	Տանձ
Pineapple	Արքայախնձոր
Raspberry	Ազնվամորի

Furniture

Կահույք

Armchair	Բազկաթոռ
Bed	Մահճակալ
Bench	Դազգահ
Bookcase	Գրապահարան
Chair	Աթոռ
Curtains	Վարագույրներ
Cushions	Բարձիկներ
Desk	Գրասեղան
Dresser	Զարդասեղան
Futon	Ֆուտոն
Lamp	Լամպ
Mattress	Ներքնակ
Mirror	Հայելի
Pillow	Բարձ
Rug	Գորգ
Shelves	Դարակներ

Garden

Այգի

Bench	Դազգահ
Bush	Բուշ
Fence	Ցանկապատի
Flower	Ծաղիկ
Garage	Ավտոտնակ
Garden	Այգի
Grass	Խոտ
Hose	Գուլպաներ
Pond	Լճակ
Rake	Փոցխ
Shovel	Թիակ
Soil	Հող
Terrace	Կտուր
Trampoline	Տրամպոլին
Tree	Ծառ
Weeds	Մոլախոտերի

Geography

Աշխարհագրություն

Altitude	Բարձրությունը
Atlas	Ատլաս
City	Քաղաք
Continent	Աշխարհամաս
Country	Երկիր
Hemisphere	Կիսագունդ
Island	Կղզի
Latitude	Լայնություն
Map	Քարտեզ
Meridian	Մերիդիան
Mountain	Լեռ
North	Հյուսիս
Ocean	Օվկիանոս
Region	Տարածաշրջան
River	Գետ
Sea	Ծով
South	Հարավ
Territory	Տարածք
West	Արեւմուտք
World	Աշխարհ

Geology

Երկրաբանություն

Acid	Թթու
Calcium	Կալցիում
Cavern	Քարանձավի
Continent	Աշխարհամաս
Coral	Կորալ
Crystals	Բյուրեղներ
Cycles	Ցիկլեր
Earthquake	Երկրաշարժ
Erosion	Էրոզիա
Fossil	Հանածո
Geyser	Գեյզեր
Lava	Լավա
Layer	Շերտ
Minerals	Հանքային
Plateau	Սարահարթ
Quartz	Որձաքար
Salt	Աղ
Stalactite	Ստալակտիտ
Stone	Քար
Volcano	Հրաբուխ

Hair Types

Մազերի Տեսակները

Bald	Ճաղատ
Black	Սեւ
Blond	Շիկահեր
Braided	Հյուսած
Brown	Շագանակագույն
Colored	Գունավոր
Curls	Գանգուրներ
Curly	Գանգուր
Dry	Չոր
Gray	Մոխրագույն
Healthy	Առողջ
Long	Երկար
Shiny	Փայլուն
Short	Կարճ
Silver	Արծաթ
Smooth	Հարթ
Soft	Փափուկ
Thick	Հաստ
Thin	Բարակ
White	Սպիտակ

Herbalism

Բուսաբուժություն

Aromatic	Անուշաբույր
Basil	Ռեհան
Beneficial	Շահավետ
Culinary	Խոհարարական
Fennel	Սամիթ
Flavor	Համը
Flower	Ծաղիկ
Garden	Այգի
Garlic	Սխտոր
Green	Կանաչ
Ingredient	Բաղադրիչ
Lavender	Նարդոս
Marjoram	Մարջորամ
Mint	Անանուխ
Oregano	Օրեգան
Parsley	Մաղադանոս
Plant	Գործարան
Rosemary	Ռոզմարի
Saffron	Զաֆրան
Tarragon	Թարգուն

Hiking

Հետիոտն

Animals	Կենդանիներ
Boots	Կոշիկներ
Camping	Արշավ
Cliff	Ժայռի
Climate	Կլիմա
Guides	Ուղեցույցներ
Hazards	Վտանգներ
Heavy	Ծանր
Map	Քարտեզ
Mosquitoes	Մոծակներ
Mountain	Լեռ
Nature	Բնություն
Orientation	Կողմնորոշում
Parks	Այգիներ
Preparation	Պատրաստում
Stones	Քարեր
Sun	Արեւ
Tired	Հոգնած
Water	Ջուր
Wild	Վայրի

House

Տուն

Attic	Ձեռնարկ
Broom	Ցախավել
Curtains	Վարագույրներ
Door	Դուռ
Fence	Ցանկապատ
Fireplace	Բուխարի
Floor	Հարկ
Furniture	Կահույք
Garage	Ավտոտնակ
Garden	Այգի
Keys	Բանալիները
Kitchen	Խոհանոց
Lamp	Լամպ
Library	Գրադարան
Mirror	Հայելի
Roof	Տանիք
Room	Սենյակ
Shower	Ցնցուղ
Wall	Պատ
Window	Պատուհան

Human Body

Մարդու Մարմին

Ankle	Կոճ
Blood	Արյան
Bones	Ոսկորներ
Brain	Ուղեղ
Chin	Կզակ
Ear	Ականջ
Elbow	Անկյուն
Face	Դեմք
Finger	Մատ
Hand	Ձեռք
Head	Գլուխ
Heart	Սիրտ
Jaw	Ծնոտ
Knee	Ծնկի
Leg	Ոտքը
Mouth	Բերան
Neck	Պարանոց
Nose	Քիթ
Shoulder	Ուս
Skin	Կաշի

Insects

Միջատներ

Ant	Մրջյուն
Aphid	Տլ
Bee	Մեղու
Beetle	Բզեզ
Butterfly	Թիթեռ
Cicada	Ցիկադա
Cockroach	Ուտիճ
Dragonfly	Ճպուռ
Flea	Բուլ
Grasshopper	Մորեխ
Ladybug	Լեդիբուգ
Larva	Թրթուր
Mantis	Մանտիս
Mosquito	Մժեղ
Moth	Ցեց
Termite	Տերմիտ
Worm	Ճիճու

Kitchen

Խոհանոց

Apron	Գոգնոց
Bowl	Գունդ
Chopsticks	Չոպստիկներ
Cups	Բաժակ
Food	Սնունդ
Grill	Գրիլ
Jug	Կուժ
Kettle	Թեյնիկ
Knives	Դանակներ
Ladle	Շերեփ
Napkin	Անձեռոցիկ
Oven	Ջեռոց
Recipe	Բաղադրատոմսը
Refrigerator	Սառնարան
Spices	Համեմունքներ
Sponge	Սպունգ
Spoons	Գդալներ
To Eat	Ուտել

Landscapes

Բնանկարներ

Beach	Լողափ
Cave	Քարանձավ
Desert	Անապատ
Geyser	Գեյզեր
Glacier	Սառցադաշտ
Hill	Բլրի
Iceberg	Այսբերգ
Island	Կղզի
Lake	Լիճ
Mountain	Լեռ
Oasis	Օազիս
Ocean	Օվկիանոս
Peninsula	Թերակղզի
River	Գետ
Sea	Ծով
Swamp	Ճահիճ
Tundra	Տունդրա
Valley	Հովիտ
Volcano	Հրաբուխ
Waterfall	Ջրվեժ

Literature

Գրականություն

Analogy	Անալոգիա
Anecdote	Անեկդոտ
Author	Հեղինակ
Dialogue	Երկխոսություն
Fiction	Գեղարվեստական
Genre	Ժանր
Narrator	Պատմող
Novel	Վեպ
Opinion	Կարծիք
Poetic	Բանաստեղծական
Rhyme	Հանգ
Rhythm	Ռիթմ
Style	Ոճ
Theme	Թեմա
Tragedy	Ողբերգություն

Mammals

Կաթնասուններ

Bear	Արջ
Beaver	Կուղբ
Bull	Ցուլ
Cat	Կատու
Coyote	Կոյոտ
Dog	Շուն
Dolphin	Դելֆին
Elephant	Փիղ
Fox	Աղվես
Giraffe	Ընձուղտ
Gorilla	Գորիլա
Horse	Ձի
Kangaroo	Կենգուրու
Lion	Առյուծ
Monkey	Կապիկ
Rabbit	Ճագար
Sheep	Ոչխար
Whale	Կետ
Wolf	Գայլ
Zebra	Զեբրա

Math

Մաթեմատիկա

Angles	Անկյուններ
Arithmetic	Թվաբանություն
Circumference	Շրջապատ
Decimal	Տասնորդական
Degrees	Աստիճաններ
Diameter	Տրամագիծ
Equation	Հավասարում
Exponent	Էքսպոնենտ
Fraction	Մաս
Numbers	Թվեր
Parallel	Զուգահեռ
Perimeter	Պրիմետր
Polygon	Պոլիգոն
Rectangle	Ուղղանկյունի
Sphere	Ոլորտ
Square	Քառակուսի
Sum	Գումար
Symmetry	Սիմետրիա
Triangle	Եռանկյունի
Volume	Ծավալը

Measurements

Չափումներ

Byte	Բայտ
Centimeter	Սանտիմետր
Decimal	Տասնորդական
Degree	Աստիճան
Depth	Խորություն
Gram	Գրամ
Height	Բարձրությունը
Inch	Դյույմ
Kilogram	Կիլոգրամ
Kilometer	Կիլոմետր
Length	Երկարություն
Liter	Լիտր
Meter	Մետր
Minute	Րոպե
Ounce	Ունցիա
Ton	Տոննա
Volume	Ծավալը
Weight	Քաշը
Width	Լայնություն

Meditation

Մեդիտացիա

Acceptance	Ընդունում
Attention	Ուշադրություն
Awake	Ցնդած
Breathing	Շնչառություն
Calm	Հանգիստ
Clarity	Պարզություն
Compassion	Կարեկցանք
Happiness	Երջանկություն
Kindness	Բարություն
Mental	Մտավոր
Mind	Միտք
Movement	Շարժում
Music	Երաժշտություն
Nature	Բնություն
Observation	Դիտարկում
Peace	Խաղաղություն
Perspective	Հեռանկար
Silence	Լռություն
Thoughts	Մտքերը
To Learn	Սովորել

Musical Instruments

Երաժշտական Գործիքներ

Banjo	Բանջո
Bassoon	Ֆասոն
Cello	Թավջութակ
Clarinet	Կլարնետ
Drum	Թմբուկ
Flute	Ֆլեյտա
Gong	Գոնգ
Guitar	Կիթառ
Harp	Տավիղ
Mandolin	Մանդոլին
Marimba	Մարիմբա
Oboe	Օբոե
Piano	Դաշնամուր
Saxophone	Սաքսոֆոն
Tambourine	Բուբեն
Trombone	Տրոմբոն
Trumpet	Շեփոր
Violin	Ջութակ

Mythology

Առասպելաբանություն

Archetype	Արքետիպ
Behavior	Վարքագիծ
Creation	Ստեղծում
Creature	Արարած
Culture	Մշակույթ
Disaster	Աղետ
Heaven	Երկինք
Hero	Հերոս
Immortality	Անմահություն
Jealousy	Խանդը
Labyrinth	Լաբիրինթոս
Legend	Լեգենդ
Lightning	Կայծակ
Magical	Կախարդական
Monster	Հրեշ
Mortal	Մահկանացու
Revenge	Վրեժ
Strength	Ուժ
Thunder	Որոտ
Warrior	Ռազմիկ

Nature

Բնություն

Animals	Կենդանիներ
Arctic	Արկտիկա
Beauty	Գեղեցկություն
Bees	Մեղուներ
Clouds	Ամպեր
Desert	Անապատ
Dynamic	Դինամիկ
Erosion	Էրոզիա
Fog	Մառախուղ
Foliage	Սաղարթ
Forest	Անտառ
Glacier	Սառցադաշտ
Mountains	Լեռներ
Peaceful	Խաղաղ
River	Գետ
Serene	Հանգիստ
Tropical	Արևադարձային
Vital	Կենսական
Wild	Վայրի

Numbers

Թվերներ

Decimal	Տասնորդական
Eight	Ութ
Eighteen	Տասնութ
Fifteen	Տասնհինգ
Five	Հինգ
Four	Չորս
Fourteen	Տասնչորս
Nine	Ինը
Nineteen	Տասնինը
One	Մեկ
Seven	Յոթ
Seventeen	Տասնյոթ
Six	Վեց
Sixteen	Տասնվեց
Ten	Տասը
Thirteen	Տասներեք
Three	Երեք
Twelve	Տասներկու
Twenty	Քսան
Two	Երկու

Nutrition

Սնուցում

Appetite	Ախորժակ
Bitter	Դառը
Calories	Կալորիաներ
Carbohydrates	Ածխաջրեր
Diet	Դիետա
Digestion	Մարսողություն
Edible	Ուտելի
Fermentation	Խմորում
Flavor	Համը
Health	Առողջություն
Healthy	Առողջ
Liquids	Հեղուկներ
Nutrient	Սննդարար
Proteins	Սպիտակուցներ
Quality	Որակ
Sauce	Սոուս
Spices	Համեմունքներ
Toxin	Տոքսին
Vitamin	Վիտամին
Weight	Քաշը

Ocean

Օվկիանոս

Algae	Ջրիմուռներ
Boat	Նավակ
Coral	Կորալ
Dolphin	Դելֆին
Eel	Օձաձուկ
Fish	Ձուկ
Jellyfish	Մեդուզա
Octopus	Ութոտնուկ
Oyster	Ոստրե
Reef	Ռելիեֆ
Salt	Աղ
Shark	Շնաձ
Shrimp	Ծովախեցգետին
Sponge	Սպունգ
Storm	Փոթորիկ
Tides	Տիղես
Tuna	Թունա
Turtle	Կրիա
Waves	Ալիքներ
Whale	Կետ

Pets

Կենդանիներ

Cat	Կատու
Claws	Ճանագրեր
Collar	Մանյակ
Cow	Կով
Dog	Շուն
Fish	Ձուկ
Food	Սնունդ
Goat	Այծի
Hamster	Համստեր
Lizard	Մողես
Mouse	Մուկ
Parrot	Թութակ
Puppy	Լակոտ
Rabbit	Ճագար
Tail	Պոչ
Turtle	Կրիա
Veterinarian	Անասնաբույժ
Water	Ջուր

Pirates

Ծովահեններ

Adventure	Արկած
Anchor	Խարիսխ
Bad	Վատ
Beach	Լողափ
Captain	Կապիտան
Cave	Քարանձավ
Coins	Մետաղադրամներ
Compass	Կողմնացույց
Crew	Անձնակազմ
Danger	Վտանգ
Flag	Դրոշ
Gold	Ոսկի
Island	Կղզի
Legend	Լեգենդ
Map	Քարտեզ
Parrot	Թութակ
Rum	Ռում
Scar	Սպի
Sword	Սուր
Treasure	Գանձ

Plants

Բույսեր

Bamboo	Բամբոռ
Bean	Լոբի
Berry	Հատապտուղ
Bush	Բուշ
Cactus	Կակտուս
Fertilizer	Պարարտանյութ
Flora	Ֆլորա
Flower	Ծաղիկ
Foliage	Սաղարթ
Forest	Անտառ
Garden	Այգի
Grass	Խոտ
Grow	Աճել
Leaf	Տերեւ
Moss	Մամուռ
Petal	Թեր
Root	Արմատ
Stem	Հիմք
Sun	Արեւ
Tree	Ծառ

Professions #1

Մասնագիտություններ #1

Ambassador	Դեսպան
Astronomer	Աստղագետ
Attorney	Փաստաբան
Banker	Բանկեր
Cartographer	Քարտոգրաֆ
Coach	Մարզիչ
Dancer	Պարուհի
Doctor	Բժիշկ
Editor	Խմբագիր
Geologist	Երկրաբան
Hunter	Որսորդ
Jeweler	Ոսկերիչ
Musician	Երաժիշտ
Nurse	Բուժքույր
Pianist	Դաշնակահար
Plumber	Ջրմուղագործ
Psychologist	Հոգեբան
Sailor	Նավաստի
Tailor	Դերձակ
Veterinarian	Անասնաբույժ

Professions #2

Մասնագիտություններ #2

Astronaut	Տիեզերագետ
Biologist	Կենսաբան
Dentist	Ատամնաբույժ
Detective	Դետեկտիվ
Engineer	Ինժեներ
Farmer	Ֆերմեր
Gardener	Այգեպան
Illustrator	Նկարագրող
Inventor	Գյուտարար
Journalist	Լրագրող
Librarian	Գրադարանավար
Linguist	Լեզվաբան
Painter	Նկարիչ
Philosopher	Փիլիսոփա
Photographer	Լուսանկարիչ
Physician	Բժիշկ
Pilot	Օդաչու
Surgeon	Վիրաբույժ
Teacher	Ուսուցիչ
Zoologist	Կենդանաբան

Rainforest

Արեւադարձային Անտառ

Birds	Թռչուններ
Botanical	Բուսանիկական
Climate	Կլիմա
Clouds	Ամպեր
Community	Համայնք
Indigenous	Բնիկ
Insects	Միջատներ
Jungle	Ջունգլի
Mammals	Կաթնասուններ
Moss	Մամուռ
Nature	Բնություն
Preservation	Պահպանում
Refuge	Ապաստան
Respect	Հարգանք
Restoration	Վերականգնում
Species	Տեսակներ
Survival	Գոյատեւում
Valuable	Արժեքավոր

Restaurant #1

Ռեստորան #1

Allergy	Ալերգիա
Bowl	Գունդ
Bread	Հաց
Chicken	Հավ
Coffee	Սուրճ
Dessert	Դեսերտ
Food	Սնունդ
Kitchen	Խոհանոց
Knife	Դանակ
Meat	Միս
Menu	Մենյու
Napkin	Անձեռոցիկ
Plate	Ափսե
Reservation	Վերապահում
Sauce	Սոուս
Spicy	Կծու
To Eat	Ուտել
Waitress	Մատուցողուհի

Restaurant #2

Ռեստորան #2

Beverage	Ըմպելիք
Cake	Տորթ
Chair	Աթոռ
Delicious	Համեղ
Dinner	Ընթրիք
Eggs	Ձու
Fish	Ձուկ
Fork	Պատառաքաղ
Fruit	Մրգեր
Ice	Սառույց
Lunch	Ճաշ
Salad	Աղցան
Salt	Աղ
Soup	Ապուր
Spices	Համեմունքներ
Spoon	Գդալ
Vegetables	Բանջարեղեն
Waiter	Մատուցող
Water	Ջուր

School #1

Դպրոց #1

Alphabet	Այբուբեն
Answers	Պատասխաններ
Books	Գրքեր
Chair	Աթոռ
Classroom	Դասարան
Desk	Գրասեղան
Exams	Քննություններ
Folders	Թղթապանակներ
Friends	Ընկերներ
Fun	Ժամանց
Library	Գրադարան
Lunch	Ճաշ
Markers	Մարկերներ
Math	Մաթեմատիկա
Numbers	Թվեր
Paper	Թուղթ
Pencil	Մատիտ
Teacher	Ուսուցիչ
To Learn	Սովորել
To Write	Գրել

School #2

Դպրոց #2

Academic	Ակադեմիական
Backpack	Պայուսակ
Books	Գրքեր
Bus	Ավտոբուս
Calendar	Օրացույց
Computer	Համակարգիչ
Dictionary	Բառարան
Education	Կրթություն
Eraser	Ռետին
Friends	Ընկերներ
Games	Խաղեր
Library	Գրադարան
Literature	Գրականություն
Math	Մաթեմատիկա
Paper	Թուղթ
Pencil	Մատիտ
Science	Գիտություն
Scissors	Մկրատ
Supplies	Պարագաներ
Teacher	Ուսուցիչ

Science

Գիտություն

Atom	Ատոմ
Chemical	Քիմիական
Climate	Կլիմա
Data	Տվյալներ
Evolution	Էվոլուցիա
Experiment	Փորձ
Fact	Փաստ
Fossil	Հանածո
Hypothesis	Հիփոթեքային
Laboratory	Լաբորատորիա
Method	Մեթոդ
Minerals	Հանքային
Molecules	Մոլեկուլներ
Nature	Բնություն
Observation	Դիտարկում
Organism	Օրգանիզմ
Particles	Մասնիկներ
Physics	Ֆիզիկա
Plants	Բույսեր
Scientist	Գիտնական

Science Fiction

Գիտական Գեղարվեստական

Atomic	Ատոմային
Books	Գրքեր
Cinema	Կինո
Distant	Հեռավոր
Dystopia	Դիստոպիա
Explosion	Պայթյուն
Extreme	Ծայրահեղ
Fantastic	Ֆանտաստիկ
Fire	Կրակ
Galaxy	Գալաքտիկա
Illusion	Պատրանք
Imaginary	Երևակայական
Mysterious	Խորհրդավոր
Oracle	Օրաքլի
Planet	Մոլորակ
Robots	Ռոբոտներ
Scenario	Սցենար
Technology	Տեխնոլոգիա
Utopia	Ուտոպիա
World	Աշխարհ

Scientific Disciplines

Գիտական Առարկաներ

Anatomy	Անատոմիա
Archaeology	Հնագիտություն
Biochemistry	Կենսաքիմիա
Chemistry	Քիմիա
Ecology	Էկոլոգիա
Immunology	Իմունոլոգիա
Kinesiology	Կինեզիոլոգիա
Mechanics	Մեխանիկա
Mineralogy	Հանքային
Nutrition	Սնուցում
Physics	Ֆիզիկա
Physiology	Ֆիզիոլոգիա
Robotics	Ռոբոտիկա
Sociology	Սոցիոլոգիա
Thermodynamics	Թերմոդինամիկա

Shapes

Ձևավորում

Arc	Աղեղ
Circle	Ցլիկ
Cone	Կոն
Corner	Անկյուն
Cube	Խորանարդ
Curve	Կոր
Cylinder	Գլան
Edges	Եզրեր
Ellipse	Էլիպս
Hyperbola	Հիպերբոլա
Line	Գիծ
Oval	Օվալ
Polygon	Պոլիգոն
Prism	Պրիզմա
Pyramid	Բուրգ
Rectangle	Ուղղանկյունի
Side	Կողմ
Sphere	Ոլորտ
Square	Քառակուսի
Triangle	Եռանկյունի

Spices

Համեմունքներ

Anise	Անիս
Bitter	Դառը
Cardamom	Հիլ
Cinnamon	Դարչին
Clove	Մեխակ
Coriander	Համեմ
Cumin	Զաման
Curry	Կարրի
Fennel	Սամիթ
Fenugreek	Ֆենուգրեկ
Flavor	Համը
Garlic	Սխտոր
Ginger	Կոճապղպեղ
Nutmeg	Մշկընկույզ
Onion	Սոխ
Paprika	Պապրիկա
Saffron	Զաֆրան
Salt	Աղ
Sweet	Քաղցր
Vanilla	Վանիլային

Sports

Սպորտաձեւեր

Athlete	Մարզիկ
Baseball	Բեյսբոլ
Basketball	Բասկետբոլ
Bicycle	Հեծանիվ
Championship	Առաջնություն
Coach	Մարզիչ
Game	Խաղ
Golf	Գոլֆ
Gymnasium	Գիմնազիա
Hockey	Հոկեյ
Movement	Շարժում
Player	Խաղացող
Referee	Դատավոր
Stadium	Մարզադաշտ
Team	Թիմ
Tennis	Թենիս
To Swim	Լողալ
Winner	Հաղթող

Summer

Ամառային

Beach	Լողափ
Books	Գրքեր
Camping	Արշավ
Family	Ընտանիք
Food	Սնունդ
Friends	Ընկերներ
Games	Խաղեր
Garden	Այգի
Home	Տուն
Joy	Ուրախություն
Music	Երաժշտություն
Relaxation	Թուլացում
Sandals	Սանդալներ
Sea	Ծով
Stars	Աստղեր
To Swim	Լողալ
Travel	Ճանապարհորդել
Vacation	Արձակուրդ

Surfing

Ճամփորդել

Athlete	Մարզիկ
Beach	Լողափ
Beginner	Սկսնակ
Champion	Չեմպիոն
Crowds	Բազմությունը
Extreme	Ծայրահեղ
Foam	Փրփուր
Fun	Ժամանց
Ocean	Օվկիանոս
Popular	Հանրաճանաչ
Reef	Ռելիեֆ
Speed	Արագություն
Stomach	Ստամոքս
Strength	Ուժ
Style	Ոճ
To Swim	Լողալ
Wave	Ալիք
Weather	Եղանակ

Technology

Տեխնոլոգիա

Blog	Բլոգ
Browser	Բրաուզեր
Bytes	Բայտ
Camera	Տեսախցիկ
Computer	Համակարգիչ
Cursor	Ցուցիչ
Data	Տվյալներ
Digital	Թվային
File	Ֆայլ
Font	Տառատեսակ
Internet	Ինտերնետ
Screen	Էկրան
Software	Ծրագրեր
Virtual	Վիրտուալ
Virus	Վիրուս

Time

Ժամանակ

Annual	Տարեկան
Before	Նախքան
Calendar	Օրացույց
Century	Դար
Clock	Ժամացույց
Day	Օր
Decade	Տասնամյակ
Early	Վաղ
Future	Ապագա
Hour	Ժամ
Minute	Րոպե
Month	Ամիս
Morning	Առավոտ
Night	Գիշեր
Noon	Կեսօր
Now	Հիմա
Soon	Շուտով
Today	Այսօր
Week	Շաբաթ
Year	Տարի

Town
Քաղաf

Airport	Օդանավակայան
Bakery	Հացի
Bank	Բանկ
Bookstore	Գրախանութ
Cafe	Սրճարան
Cinema	Կինո
Clinic	Կլինիկա
Florist	Գույն
Gallery	Պատկերասրահ
Hotel	Հյուրանոց
Library	Գրադարան
Market	Շուկա
Museum	Թանգարան
Pharmacy	Դեղատուն
School	Դպրոց
Stadium	Մարզադաշտ
Store	Խանութ
Supermarket	Սուպերմարկետ
Theater	Թատրոն
University	Համալսարան

Toys
Խաղալիfներ

Airplane	Ինfնաթիռ
Ball	Բալ
Bicycle	Հեծանիվ
Boat	Նավակ
Books	Գրfեր
Car	Մեfենա
Chess	Շախմատ
Clay	Կավ
Crafts	Արհեստներ
Doll	Տիկնիկ
Favorite	Սիրած
Games	Խաղեր
Paints	Ներկեր
Puzzle	Հանելուկ
Robot	Ռոբոտ
Train	Գնացf
Truck	Բեռնատար

Vacation #1
Արձակուրդ #1

Airplane	Ինfնաթիռ
Backpack	Պայուսակ
Car	Մեfենա
Currency	Արժույթ
Customs	Մաfսային
Departure	Մեկնում
Expedition	Արշավախմբի
Itinerary	Երթուղի
Lake	Լիճ
Museum	Թանգարան
Relaxation	Թուլացում
Suitcase	Ճամպրուկ
Ticket	Տոմս
To Go	Գնալ
To Swim	Լողալ
Tourist	Տուրիստ
Tram	Տրամվայ
Umbrella	Հովանոց

Vacation #2
Արձակուրդ #2

Airport	Օդանավակայան
Beach	Լողափ
Camping	Արշավ
Foreign	Օտար
Foreigner	Օտարական
Holiday	Տոն
Hotel	Հյուրանոց
Island	Կղզի
Journey	Ճամբորդություն
Map	Քարտեզ
Mountains	Լեռներ
Passport	Անձնագիր
Restaurant	Ռեստորան
Sea	Ծով
Taxi	Տաfսի
Tent	Վրան
Train	Գնացf
Transportation	Փոխադրում
Visa	Վիզա

Vegetables
Բանջարեղեն

Artichoke	Արտիճուկ
Broccoli	Բրոկկոլի
Carrot	Գազար
Cauliflower	Ծաղկակաղամբ
Celery	Նեխուր
Cucumber	Վարունգ
Eggplant	Սմբուկ
Garlic	Սխտոր
Ginger	Կոճապղպեղ
Mushroom	Սունկ
Onion	Սոխ
Parsley	Մաղադանոս
Pea	Սիսեռ
Pumpkin	Դդում
Radish	Բողկ
Salad	Աղցան
Shallot	Շալոտ
Spinach	Սպանախ
Tomato	Լոլիկ
Turnip	Շաղգամ

Vehicles
Տրանսպորտային Միջոցներ

Airplane	Ինfնաթիռ
Bicycle	Հեծանիվ
Boat	Նավակ
Bus	Ավտոբուս
Car	Մեfենա
Caravan	Քարավան
Engine	Շարժիչ
Ferry	Լաստանավ
Helicopter	Ուղղաթիռ
Motor	Մոտոր
Rocket	Հրթիռ
Scooter	Սկուտեր
Submarine	Սուզանավ
Subway	Մետրո
Taxi	Տաfսի
Tires	Տիրես
Tractor	Տրակտոր
Train	Գնացf
Truck	Բեռնատար
Van	Վան

Virtues #1

Առաքինություններ #1

Artistic	Գեղարվեստական
Charming	Հմայիչ
Clean	Մաքուր
Confident	Վստահ
Curious	Հետաքրքրասեր
Decisive	Վճռական
Efficient	Արդյունավետ
Funny	Զվարճալի
Generous	Առատաձեռն
Good	Լավ
Helpful	Օգտակար
Imaginative	Երևակայական
Independent	Անկախ
Intelligent	Խելացի
Modest	Համեստ
Passionate	Կրքոտ
Patient	Համբերատար
Practical	Գործնական
Reliable	Հուսալի
Wise	Իմաստուն

Visual Arts

Տեսողական Արվեստ

Artist	Նկարիչ
Ceramics	Կերամիկա
Chalk	Կավիճ
Charcoal	Փայտածուխ
Clay	Կավ
Composition	Կազմը
Easel	Պատկեր
Film	Ֆիլմ
Masterpiece	Գլուխգործոց
Painting	Նկար
Pen	Գրիչ
Pencil	Մատիտ
Perspective	Հեռանկար
Photograph	Լուսանկար
Portrait	Դիմանկար
Sculpture	Քանդակ
Stencil	Շաբլոն
Varnish	Լաք
Wax	Մոմ

Water

Ջուր

Evaporation	Գոլորշիացում
Flood	Ջրհեղեղ
Frost	Սառնամանիք
Geyser	Գեյզեր
Humidity	Խոնավություն
Hurricane	Փոթորիկ
Ice	Սառույց
Irrigation	Ոռոգում
Lake	Լիճ
Moisture	Խոնավություն
Monsoon	Մուսսոն
Ocean	Օվկիանոս
Rain	Անձրև
River	Գետ
Shower	Ցնցուղ
Snow	Ձյուն
Steam	Զույգ
Waves	Ալիքներ

Weather

Եղանակ

Atmosphere	Մթնոլորտ
Breeze	Զեփյուռ
Calm	Հանգիստ
Climate	Կլիմա
Cloud	Ամպ
Drought	Երաշտ
Dry	Չոր
Fog	Մառախուղ
Ice	Սառույց
Lightning	Կայծակ
Monsoon	Մուսսոն
Polar	Բևեռային
Rainbow	Ծիածան
Sky	Երկինք
Storm	Փոթորիկ
Temperature	Ջերմաստիճանը
Thunder	Որոտ
Tornado	Տարափ
Tropical	Արևադարձային
Wind	Քամի

Congratulations

You made it!

We hope you enjoyed this book as much as we enjoyed making it. We do our best to make high quality games.
These puzzles are designed in a clever way for you to learn actively while having fun!

Did you love them?

A Simple Request

Our books exist thanks your reviews. Could you help us by leaving one now?

Here is a short link which will take you to your order review page:

BestBooksActivity.com/Review50

MONSTER CHALLENGE!

Challenge #1

Ready for Your Bonus Game? We use them all the time but they are not so easy to find. Here are **Synonyms**!

Note 5 words you discovered in each of the Puzzles noted below (#21, #36, #76) and try to find 2 synonyms for each word.

Note 5 Words from *Puzzle 21*

Words	Synonym 1	Synonym 2

Note 5 Words from *Puzzle 36*

Words	Synonym 1	Synonym 2

Note 5 Words from *Puzzle 76*

Words	Synonym 1	Synonym 2

Challenge #2

Now that you are warmed-up, note 5 words you discovered in each Puzzle noted below (#9, #17, #25) and try to find 2 antonyms for each word. How many lines can you do in 20 minutes?

Note 5 Words from **Puzzle 9**

Words	Antonym 1	Antonym 2

Note 5 Words from **Puzzle 17**

Words	Antonym 1	Antonym 2

Note 5 Words from **Puzzle 25**

Words	Antonym 1	Antonym 2

Challenge #3

Wonderful, this monster challenge is nothing to you!

Ready for the last one? Choose your 10 favorite words discovered in any of the Puzzles and note them below.

1.	6.
2.	7.
3.	8.
4.	9.
5.	10.

Now, using these words and within a maximum of six sentences, your challenge is to compose a text about a person, animal or place that you love!

Tip: You can use the last blank page of this book as a draft!

Your Writing:

Explore a Unique Store
Set Up **FOR YOU!**

MEGA DEALS

BestActivityBooks.com/**TheStore**

Designed for Entertainment!

Light Up Your Brain With Unique **Gift Ideas**.

Access **Surprising** And **Essential Supplies!**

CHECK OUT OUR MONTHLY SELECTION NOW!

- Expertly Crafted Products -

NOTEBOOK:

SEE YOU SOON!

Linguas Classics Team

BESTACTIVITYBOOKS.COM/FREEGAMES